소풍같은 인생

3세대 가족 경영으로 함께 걷는 길

글. 이계순

소풍같은 인생

3세대 가족 경영으로 함께 걷는 길

차 례

책 소개 / 10

저자의 글 / 13

추천사 I / 17

추천사 II / 19

추천사 III / 21

추천사 IV / 24

추천사 V / 26

프롤로그 : 회복력과 희망의 여정

소풍 같은 인생, 가족 경영으로 함께 걷는 길 / 30

결혼 행복나무 심기 - 결혼관리사(라이선스) / 34

가족 프로그램 계획서 / 38

적응력과 탄력성의 중요성 / 41

가난했던 어린 시절 / 45

군무원 : 시절의 경험 / 49

박사과정 입문 - 인생의 준비 / 53

서울미래지식 평생교육원 설립 / 65

1장 : 어린 시절과 어머니의 희생

가족과의 나의 어린 시절 / 74

어머니 희생과 그 의미 / 77

2장 : 경력의 시작과 성장

아들의 고등학교 시절 : 어머니의 반성과 후회 / 86

군무원 시절 : 공감과 지혜 / 94

가족이 힘들 때 함께 해 주면 - 후회와 미련 / 97

마음의 힘 (한가족의 마음의 힘. 노력. 웅집. 결집. 결심) / 100

가족의 중요성 : 인생의 중요한 전환점에서 얻는 교훈 / 103

가정을 돌이켜 보았을 때 / 107

자식에 대한 응원과 지지 / 109

새로운 도전 : 박사과정 입학의 여정 / 113

애경사 사건과 은퇴식 (가족의 갈등 회복) / 116

가족에 대한 성찰 / 122   가족의 이해 / 124

가족의 공감과 소통의 역할 / 124

어려운 시기를 극복하는 방법 / 134

가족의 공감과 화합의 원동력 / 137

가족의 의사소통과 공감의 힘 / 142

3장 : 가족의 신뢰와 결혼

가족의 기본은 신뢰 위에 세워져야 한다. / 148

현대 가족과 평생 교육의 중요성 / 155

가족 경영의 실제 사례 / 160

가족의 중요성과 절대적 필요성 / 164

희망과 나눔과 기쁨을 키워볼 수 있도록 응원해야 합니다. / 170

MBTI 성격 프로그램과 의사소통 / 174

가족의 진정한 힘은 용서와 공감과 이해의 힘 / 178

인성 교육의 역할 / 184

저출산, 이혼 / 186

인성 교육 : 가치에 뿌리를 둔 솔루션 / 188

인성 교육과 저출산 / 188

인성 교육과 고령화 / 189

인성 교육과 이혼율 / 190

인성 교육 시행의 협력적 노력 / 192

평생학습 및 인성 교육 / 194

저출산과 프로그램 / 195

인성 교육 사례에 필요한 학업 지원 / 202

개인적인 여정. 변화하는 사회에서 가족의 가치 / 208

가족의 신뢰와 결혼의 중요성 / 211

4장 : 가족 구조와 자녀의 자기계발

가족 구조의 변화 / 216
가족 구조 변화가 아동 발달에 미치는 영향 / 220
대가족에서 핵가족으로의 전환 / 220
편부모 및 혼합 가정의 증가 / 221
맞벌이 가정의 영향 / 222
기술의 역할과 변화하는 사회 규범 / 223
가족 구조 변화에 따른 사회적 문제와 대책 / 225
이혼 문제를 해결하기 위한 교육 프로그램 / 229
사회적 문제를 해결하는 데 있어 가족의 중요한 역할 / 233
결혼을 통한 사용 설명서의 필요성 : 경험에서 얻은 교훈 / 238
가정과 사회, 학교에서의 인성 교육의 필요성 / 242
가족 경영과 프로그램 / 245
가족 공감의 순서 / 247

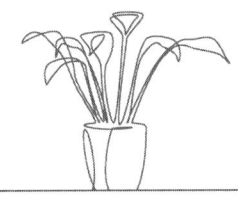

5장 : 사회적 영향력과 유산

물질적 부를 넘어서는 영적 유산 속에서 심각한 때 / 252

지속적인 유산을 남기는 인성 교육의 역할 / 254

차세대 육성 / 258

문화유산 사회 변화의 기초를 직시하면서 / 260

미래 유산으로서의 리더십 / 262

영적, 문화적 영향을 통해 사회를 변화시키다 / 264

에필로그

내일을 위해 비전을 위한 미래 계획 및 포부 / 268

다음 세대를 위한 꿈과 희망 / 275

내 인생 여정에 대한 성찰 / 278

자녀의 사춘기 문제 / 281

행복한 노후를 향한 첫 걸음 / 284

독자들에게 보내는 마지막 생각 / 297

에필로그 : 성찰과 유산의 여정 / 301

책 소개

〈소풍 같은 인생, 3세대 가족 경영으로 함께 걷는 길〉은 가족 경영의 중요성과 절대적인 가치가 무엇인지에 대한 필자의 고민을 담은 책입니다. 저자는 현대 가족 경영의 중요성을 알리고 저출산 문제 해결의 실마리를 찾고, 이혼율을 줄이며, 부모, 자녀 간의 소통과 이해를 촉진 할 수 있는 방법을 모색하고 있습니다.

가족 경영의 개념과 중요성 사례를 소개하고, 실질적 가족 구성원들이 함께 협력하여 행복을 추구하는 방법을 설명하고 있습니다. 저자는 자신이 살아온 과거사들을 되새겨 보며 앞으로의 가족 구성원의 비전을 나누고 가족 간의 문제를 해결하고자 했습니다. 이를 위해 부모와 자녀 간의 관계 개선과 상호 존중을 위한 실용적인 조언과 사례를 제시합니다.

저자는 사회복지학과에서의 논문 작성 경험과 경영학 박사논문을 쓴 경험을 바탕으로, 가족 경영을 통해 가족 구성원들이 서로를 이해하고 응원하며 공감과 소통을 이루는 것이 중요하다고 강조합니다. 그는 이러한 과정을 통해 부부 간의 불균형한 음과 양의 에너지를 조화롭게 하고, 자녀를 존중하며, 가족 구성원 개개인의 자존감과 긍지를 인정함으로써 저출산 문제, 이혼율 증가, 청소년 문제 등을 예방할 수 있다고 주장합니다.

또한, 부모와 자녀 간에는 공통된 관심사나 생각을 가지고 있지만, 다른 생각과 기준이 있습니다. 부모는 자녀와의 관계와 삶에서 서로가 다름을 인정할 때 공감과 소통을 통해 건강한 가족 관계가 형성되고, 가족 경영을 위한 기반이 마련될 수 있습니다.

"소풍 같은 인생, 3세대 가족 경영으로 함께 걷는 길"은 가족 경영에 관심 있는 사람들, 부모와 자녀 간의 관계를 개선하고자 하는 사람들에게 추천합니다.

우리 부모님들은 결혼하면 죽을 때까지 사는 게 보편적이었지만 지금은 달라졌습니다. 우리의 자녀들이 결혼하여 평생을 부부로서 살아가기 위해서는 그에 따른 지침서나 구체적인 대안은 있어야 사랑과 결혼 생활도 유지할 수 있습니다.

결혼 전에 결혼 생활에 대한 기본 이론 교육과 문화의 교육을 철저히 받고 결혼이 이뤄지는 것은 차이가 크다고 생각합니다.

선남선녀들이 사전에 교육과 라이선스를 준비한다면 이혼율과 저출산 문제를 줄여 나갈 수 있습니다.

나아가 건강한 가족 환경을 조성하고자 하는 사람들에게 유용한 지침서가 될 것이고. 이 책을 통해 가족 일원으로서의 중요성을 깨닫고, 가족 구성원들과의 관계를 더욱 풍요롭게 만들 수 있습니다.

학교 정규 과목과 평생교육원에서 가족 경영 과목과 가족 환경에 대한 교육을 통해 라이선스 취득 후 결혼 성립에 최소한의 자격이 되어 주기를 바라며, 결혼을 앞둔 미혼들과 30~50대에 남성과 여성들에게 추천하고 싶습니다. 결혼하기 위해 이러한 자격증이 1호 혼수가 되기를 바랍니다.

사회에 취업하기 위해 관련 자격증을 취득하면 취업에도 도움이 되고 연봉 협상에도 도움이 되기도 합니다. 특히 결혼관리 지침서의 자격증을 취득하게 될 경우, 특정기업에 취업 시 가산점이 주어지길 간절히 바랍니다. 마찬가지로 결혼 전에 이러한 자격이 주어진다면 어떨까요. 그리고 국가에서 이러한 라이선스를 인정한다면 어떤 사회가 될 수 있을까요?

저자의 글

안녕하세요, 독자 여러분. 저는 저자 이계순입니다. 33년 간의 재직 기간 동안 은퇴 후의 삶에 대해 고민하고 연구하는 중 사회복지를 전공하고 사회복지사 자격증을 취득하였으며, 또한 그 외 자격증을 20개 정도 취득하고 경기대학교 최고위과정을 수료하면서 학생 모집과 교육에 관련되는 업무도 배우고 최고위과정에서 봉사 활동도 하였습니다.

그러던 어느 날 엄길청 원장님께서 저에게 은퇴 후에 어떤 일을 할 건지 물어보셨습니다. "사회복지관을 운영하려고 복지사 자격증과 석사학위도 준비했습니다."라고 말씀드렸더니, 그 큰 복지관을 운영하려면 경영학 박사를 준비해야 할 거라고 조언해 주셨습니다. 그래서 회사 재직 중에 야간으로 경영학 박사 과정에 입학하게 되었습니다.

박사과정 재학 중에 최고위과정 지도교수로 임용되면서 회사에서 퇴직하게 되자 본격적으로 박사논문을 쓰게 되었습니다. 실버서비스 산업의 공간서비스와 의료서비스가 입주 만족과 의도에 미치는 영향에 관한 연구로 논문을 작성해, 2017년 2월에 경영학 박사 학위를 취득하게 되었습니다.

이후 2017년부터 남서울 종합예술대학교에서 주임교수로 활동 하였지만, 2019년에 코로나19가 발병하면서 문화 예술 시장의 활동이 중단되어 정말 힘들었습니다. 그래도 코로나19를 이겨내고 우여곡절 끝에 지금의 서울 미래지식 평생교육원을 운영하게 되었습니다.

이제 저는 서울 미래지식 평생교육원을 창립한 이야기를 시작하며 가난했던 어린 시절 부모님께 배운 사랑과 애정을 바탕으로 가정을 이루어 나간 이야기를 여러분과 나누고, 또한 저출산과 이혼율과 문제 청소년을 위한 결혼관리사 자격증이 필수라는 이야기까지 함께 나누고자 합니다.

저희 아버지는 61세, 어머니는 55세의 나이로 일찍 세상을 떠나셨는데, 그 빈자리가 얼마나 힘들었는지 어머니마저 안 계신 삶은 하루도 살 수 없을 것 같았습니다. 하지만 당시 결혼을 한 저에게는 가족이 있었기 때문에 가족과 함께 살아내야 한다는 생각을 하게 되었습니다. 부모님께서 일찍 돌아가시고 힘든 나날을 남편과 자녀들과 함께하며 부모님이 안 계신 삶을 살게 되었습니다. 그 공허함과 고독함은 이루 말 할 수 없지만 저에게는 가족이 있었기에 이겨낼 수 있는 힘이 있었습니다. 가족은 필수로 있어야 한다는 철학을 갖고 이 글을 씁니다.

그러나 가족의 환경이 행복해야 가정을 갖고 싶은 마음의 여유가 있다고 봅니다. 결혼도 아이를 출산하는 것도 행복한 가정에서 이루어지는 것입니다. 가정환경에서 보고 배워야 결혼할 생각을 갖게 되기 때문에 중요한 것은 가족의 환경입니다. 가족이 행복하면 저출산도 문제아이도 많이 줄어들 것으로 생각합니다.

저출산 관련 부처에서도 많은 노력을 기울이고 있지만, 실제로 자녀를 가지지 않으려는 젊은 미혼 세대의 생각을 바꾸기 위해서는 청소년 시기부터 교육을 통해 결혼의 필요성을 알리거나 평생교육원에서 인턴 과정의 교육을 시키는 것도 방법이라고 생각합니다.

대학의 교육학과에서 현재 하고는 있지만, 확대하여 교원자격증과 평생교육사 자격증을 동시에 취득하게 한다면 시너지 효과가 있을 것이라고 생각합니다. 그런 자격증을 취득한 사람에게는 평생교육원에서 인턴으로 일할 수 있도록 해주고, 결혼 전에 결혼관리사 자격증을 취득하게 되면 지금보다 이혼율이 줄어들면서 저출산도, 문제 아이도 줄어들 것으로 생각합니다.

문제 아이가 처음부터 문제 아이는 아닙니다. 청소년기에 부모님이 소홀한 틈에 혼자서 판단이 어려워 잘못 판단하여 문제 아이가 된 것입니다. 그런 아이들을 케어 하기 위해서 부모님은 부모님 본연의 업무를 할 수 있게 교육원에서 케어 해주고, 아이들은 아이들이 잘 할 수 있는 것에 관심을 가질 수 있게 멘토가 되어 부모님 대신 교육원에서 아이들의 성향에 맞추어 도와드리고 싶은 일을 지원하려고 합니다.

현시대는 핵가족이 많습니다. 자녀를 낳지 않기를 원하는 사람들도 있고 그렇지 않은 사람들도 있습니다. 저는 그런 분들이 생각이 바뀌어서 결혼하여 가정을 만들고 아이를 낳으며 행복한 삶을 이루도록 프로그램으로 힘이 되어드리고 싶습니다. 이러한 프로그램도 가족과 함께 아우르며 활동하게 되면 더욱 행복한 삶이 되리라 생각합니다.

결혼을 통해 행복과 희망을 안고 살아가는 힘이 어떻게 행복을 가져다주는지 함께 공유하고 이야기 하고 싶습니다.

추천사 I

엄길청 박사
(전 경기대 경영전문대학원장, 현재 서울도시문화연구원 이사장)

아는 것이 힘이다. 소리 없이 강하다. 살면서 자주 듣는 인생 덕담이다. 대학원에서 여러 학자들과 연구를 해오면서 이계순 박사만큼 열띤 지식 탐구와 혁신적인 실천행동을 펼쳐온 경영학자도 드물다.

이 박사는 원래 사회복지학을 공부한 분으로 경영학 박사과정에서 사회적 책임의 자본경영을 연구한 학자이다. 박사학위를 받자마자 사회교육에 뛰어들어 서울문화 예술 지식경영의 아카데미를 설립하고 평생교육자로 헌신해 오고 있다.

코로나19로 온 세상이 꽁꽁 얼어붙은 세월에도 이 박사의 캠퍼스는 늘 열려있었고 희망과 나눔과 기쁨을 키워왔다. 그리고 이제 조용히 한 권의 저서를 우리 앞에 내민다. **〈소풍 같은 인생, 3세대 가족 경영으로 함께 걷는 길〉**이란 제목만으로도 우리에게 주는 울림이 크다.

  세상이 급변하여 공적 복지의 체제만으로는 긴 인생을 가늠하기는 너무 어려운 세상이 찾아왔다. 이 박사는 그 길을 가족들과 기쁘고 즐겁게 그러나 지혜롭고 슬기롭게 걸어가는 길을 이 책에서 안내한다. 꼭 읽어봐야 할 이 시대의 필독서이다. 이젠 과거의 대학원 지도교수가 아니라 열렬한 독자로서 몇 년을 바쳐서 세상에 나온 뛰어난 저서에 경의를 표한다.

추천사 II

애일교회 목사 한혜관

　우리나라 가정의 위기는 어제, 오늘의 일이 아닙니다. 이미 수십 년 전부터 우리나라의 이혼율은 OECD 국가들 중 최상위에 속해 있다는 것은 통계를 인용하지 않더라도 모두 인지하는 사실입니다. 게다가 몇 년 전부터 '황혼이혼'이라는 생소한 단어가 등장하더니, 이제는 '황혼이혼'도 크게 늘고 있음을 뉴스를 통해 접합니다.

　이런 정신과 분위기 속에 저자 이계순 교수의 **〈소풍 같은 인생, 3세대 가족 경영으로 함께 걷는 길〉**은 가족 경영의 중요성과 그 가치를 강조하며. 가족 경영을 통해 저출산 문제와 이혼을 예방하고, 부모와 자녀 간의 소통과 이해를 촉진하는 방법을 제시합니다. 이 책은 가족 경영의 개념을 소개하고, 가족 구성원들이 함께 협력하여 행복을 추구하는 방법을 설명합니다. 또한, 부모와 자녀 간의 관계 개선과 상호 존중을 위한 실용적인 조언과 사례를 제시합니다.

저자는 사회복지학과 경영학 박사로서 학위 논문을 저술한 경험을 토대로 가족 경영을 통해 가족 구성원들이 서로를 이해하고, 지지하고, 공감과 소통으로 남편과 아내의 기를 살려주고, 자식 존중해 주고 인정해 주는 방법과 사례를 제시합니다. 저자는 사람들이 성공적인 일을 위해 많은 자격증과 라이센스를 준비하듯 가족을 위한 라이센스를 준비시키면 저출산 문제, 이혼률, 그리고 청소년 문제를 예방할 수 있다고 주장합니다.

또한 저자는 부모와 자녀 간의 공감과 소통을 통해 건강한 가족 관계를 형성하고, 서로를 응원하며, 성장할 수 있는 방법을 제시합니다. 저자의 〈소풍 같은 인생, 3세대 가족 경영으로 함께 걷는 길〉은 가족 경영에 관심 있는 분들뿐 아니라 가족 관계의 개선을 원하는 분들에게 일독을 권합니다.

더 나아가 이 책은 학교 정규 과목과 평생교육원에서 가족 경영을 위한 교과서로 사용 되어지기를 간절히 소원합니다. 또한 결혼을 준비하는 미혼들과 40~50대에 부부에게 추천하고 싶습니다. 이 책이 결혼을 위한 라이선스 뿐 아니라 가족 경영의 필독서가 되어지기를 응원하며, 적극 추천합니다.

추천사Ⅲ

학장 정복철
경희대학교 후마니타스칼리지

꿈을 안고 사랑하는 이들과 더불어 앞으로 나아가야 할 길을 알고 있다면, 또 어떤 일을 해야 하고 어려움이 닥칠 때 어떻게 극복해야 모두 함께 행복할 수 있을지 매사 건건마다 답을 내놓을 수 있다면 얼마나 좋을까.

"자식 이기는 부모 없다."라는 말과 "매를 아끼면 자식 농사 망친다."라는 격언들은 상황에 따라 각각 따로 끄덕일 수 있는 덕담이 될 수 있을지언정, 동시에 공감할 수 있는 보편적인 정언 명제는 될 수 없기에 가훈이나 교훈으로 가지는 삼을 수 없을 것이다.

사실 자식 이기는 부모 없듯이 아내 이기는 남편 없고 며느리

이기는 시어머니도 없을 것이다. 자식도 아내도 며느리도 맘대로 안되는 존재들이다. 어느 한쪽이 원하는 삶이 아니라 당사자 자신이 원하는 삶이어야 하기에 인간사 그게 맞고 인격상 본래 그렇게 되는 게 맞다. 때문에 자식과 아내와 며느리의 삶이 부모와 남편과 시어머니 맘대로 되는 가족 관계라면 겉으로 볼 때는 평온할지는 몰라도 사실 그 가족은 매우 위험, 위기의 상태에 놓여 있을 것이다.

이계순 박사님은 사회복지학과 경영학을 두루 통섭한 학자로서 사회교육에 뛰어들어 서울문화 예술 지식경영 아카데미를 설립, 몸소 헌신 복무하고 계시는 평생교육자이시다. 지금 우리가 살면서 맞이하고 있는 이 거대하고도 급변하고 있는 사태를 절절히 목도하면서 자신만의 안목과 성찰들을 통해 해체되어 가고 있는 시대적 위기로서의 가족 문제를 다루고 있다.

특히 박사님은 모두가 겪고 있는 가족의 문제는 곧 국가와 사회가 이 문제를 정책적으로 반영할 수 있는 방향을 밝히면서 또 한편으로는 가족의 튼튼함을 위하여 결혼 지침서 라이선스를 취득하고 가자는 정책이 반영되기를 간절히 바람을 이해한다. 가족은 어디까지나 가족 자체의 문제이기에 가족 구성원들 각자가 피할 수 없는 사명이자 책임임을 명확히 하면서 실질적이고 효과적인 대안을 모색하고 있다.

인생 앞에 어디 뚜렷한 답이 있을까마는, 박사님만의 지식과 지혜들을 동원하여 동시대인들에게 누가 누구를 통제하는 대상화가 아닌 소통과 화합의 공동적 대응을 위한 교육적 패러다임, '소풍의 담론: 가족 경영론'을 펼치고 있는 것이다.

박사님은 사회가 너무 빠르게 변하고 있어서 부모 세대도 잘 적응하지 못하고 있는 이 시점에서, 더구나 자녀가 무엇을 원하는지를 잘 모르는 이 시대에 어떻게 가족을 경영해야 하는지를 개별 인간─가족─사회를 연계하고 망라하여 비전을 제시한다는 점에서 이 시대의 독자들에게 희망의 울림을 안길 것으로 기대한다.

평생교육의 시대에 우리는 계속해서 좋은 삶의 공부를 할 것이다. 끊임없이 길을 걷는 게 인생인 듯 계속해서 세상의 길을 찾아 나서며 삶을 즐길 것이다. 그것이 우리가 사는 이유라고 문명 이기 때문이다. 부디 우리 사회가 소풍 같은 인생으로 충만하길 앙망하면서 이 시대의 필독서를 안겨주신 이계순 박사님께 경의를 표한다.

추천사 IV

"가족이라 함은 혼인, 혈연, 입양으로 이루어진 사회의 기본 단위로서 가족 구성원은 가정생활의 운영에 함께 참여하여야 하며, 서로 존중과 신뢰 속에서 가족해체를 예방하기 위해 노력하여야 한다."

 이는 건강가정기본법에 명시되어 있는 가족의 정의와 가치이다. 그러나 현대사회의 급속한 변화와 함께 가족의 진정한 의미 역시 과거와는 다르게 변화되고 있는데 이혼율 증가와 가정폭력, 저출산, 청소년 문제가 이를 입증하고 있는데 대단히 안타까운 현상이다.

 이계순 박사가 집필한 〈소풍 같은 인생, 3세대 가족 경영으로 함께 걷는 길〉은 가족이 지닌 진정한 의미를 재발견하게 해주는 귀중한 책으로서, 깊은 통찰과 삶의 지혜가 녹아있는 미래의 희망 서이다.

 가족의 소중함을 누구보다 잘 이해하고 있는 저자는 사회복지학과 경영학을 결합한 깊이 있는 연구를 바탕으로 가족 경영이라는 새로운 패러다임을 제시하면서, 가족 경영의 개념을 중심으로 가족 구성원들이 서로의 삶을 존중하고 지지하며 공감과 소통을 통해 함께 성장해나가는 방법을 체계적으로 서술하고 있다.

특히 저자는 가족 경영이 단순히 한 가정의 행복을 넘어 이혼과 저출산, 청소년 문제를 예방하여 사회 전체의 건강한 발전을 이룰 수 있는 중요한 열쇠라고 강조하며, 현대인의 삶에서 가정의 역할을 재정립하고 부모와 자녀 간의 관계를 보다 긍정적이고 건강하게 만드는 실질적인 조언을 제공한다.

어느 누구도 가족의 일원에서 예외일 수 없는 상황에서, 이 책을 읽는 모든 독자는 가족 구성원과의 관계를 더욱 풍요롭고 행복하게 만들어줄 라이선스를 획득하여 일상에서 즉시 적용할 수 있는 지침을 얻게 될 것이다.

단순히 개인의 삶에 그치지 않고 국가와 사회가 함께 발전해 나가는 길을 제시한 미래의 희망서 <소풍 같은 인생, 3세대 가족 경영으로 함께 걷는 길>, 그 제목만으로도 우리의 마음을 울리는 이 책의 일독을 권한다.

정임재 대진대학교 교수

추천사 V

이사장 김양호
사단법인 동대문구 소기업소상공인회

〈소풍 같은 인생, 3세대 가족 경영으로 함께 걷는 길〉은 저자 이계순 님의 깊은 통찰과 따뜻한 마음이 담긴 책입니다. 이 책은 가족 경영의 중요성과 그 가치를 강조하며, 저출산 문제와 이혼율을 예방하고 부모와 자녀 간의 소통과 이해를 촉진하는 방법을 제시합니다.

이계순 님은 사회복지학과 경영학을 겸한 박사논문을 바탕으로, 가족 구성원들이 서로를 이해하고 지지하며 공감과 소통을 통해 건강한 가족 관계를 형성하는 방법을 제시합니다. 이 책은 부모와 자녀 간의 관계 개선과 상호 존중을 위한 실용적인 조언과 사례를 통해, 가족이 함께 행복을 추구하는 길을 안내합니다.

특히, 결혼 전에 사회적 성공을 위해 많은 라이선스를 준비하듯, 가족을 위한 라이선스를 준비함으로써 저출산 문제와 이혼율, 문제 청소년을 예방할 수 있다는 저자의 주장은 매우 인상적입니다. 이 책은 가족 경영에 관심 있는 사람들, 부모와 자녀 간의 관계를 개선하고자 하는 사람들, 그리고 건강한 가족 환경을 조성하고자 하는 사람들에게 유용한 지침서가 될 것입니다.

〈소풍 같은 인생, 3세대 가족 경영으로 함께 걷는 길〉을 통해 가족 경영의 중요성을 깨닫고, 가족 구성원들과의 관계를 더욱 풍요롭게 만들 수 있을 것입니다. 이 책이 학교 정규 과목과 평생교육원에서 교육을 통해 라이선스를 취득하고, 결혼 성립에 자격이 되는 사회가 되기를 간절히 소망합니다.

예비 결혼할 미혼 여성과 남성, 그리고 40~50대의 직업여성과 남성들에게 이 책을 추천합니다. 성공을 위해 라이선스와 더불어 결혼 준비에 대한 라이선스가 국가에서 인정받는 사회가 되기를 바라며, 이 책이 면접이나 진급에 가산점이 되는 정책에서도 반영되기를 바랍니다.

이계순 님의 책이 많은 사람들에게 큰 도움이 되기를 바랍니다.

프롤로그

회복력과 희망의 여정

독자 여러분,
저의 인생 여정에 함께 나누고 싶습니다.
이 책의 페이지를 넘기실 때마다
여러분은 저와 함께 과거의 추억 속으로
걸어가게 될 것입니다.
이 책은 제가 평생 지켜온 끈기, 희망, 교육,
그리고 개인적인 성장에 대한
확고한 헌신을 담고 있습니다.
저의 경험이 제 삶을 형성해왔듯,
이 이야기가 여러분에게도
영감을 주고 공감을 불러일으키길
진심으로 바랍니다.

소풍 같은 인생, 가족 경영으로 함께 걷는 길

결혼 행복나무 심기 - 결혼관리사(라이선스)

적응력과 탄력성의 중요성

가족 프로그램 계획서

가난했던 어린 시절

군무원 : 시절의 경험

박사과정 입문 - 인생의 준비

서울미래지식 평생교육원 설립

소풍 같은 인생, 가족 경영으로 함께 걷는 길

이 책을 쓰는 과정을 되돌아보면, 가족이 제 삶의 모든 측면에서 얼마나 깊은 의미를 지니고 있었는지를 다시 한 번 깨닫게 됩니다. 제 여정은 가족 내에서 배움과 성장, 그리고 끊임없는 조화의 추구입니다. "삶은 소풍과 같다, 가족 경영을 함께 걸어가는 길"은 가족 경영을 통해 제 삶의 원동력이 되었고, 이 책이 독자들에게도 즐겁고 의미 있는 도전이 되길 바라는 마음으로 집필하게 되었습니다.

저는 이혼을 고민하는 사람들과 문제를 겪고 있는 자녀의 부모님들을 돕고 싶습니다. 그들이 시간을 절약하고 새로운 삶을 열어갈 수 있도록 돕고자 합니다.

세월이 흐르면서 저는 가족이 단순히 혈연을 나누거나 같은 공간에 사는 것을 의미하지 않는다는 사실을 깨닫게 되었습니다. 가족은 모두가 함께 노력하고, 서로의 강점과 약점을 이해하며, 모든 구성원이 만족할 수 있는 삶을 만들어가는 공동체입니다.

저에게 있어 가족 경영이란, 성공적인 사업을 운영하듯이 가정을 세심하게 관리하는 것을 의미합니다. 가정 경영에는 명확한 소통, 상호 존중, 그리고 미래에 대한 공동의 비전이 반드시 포함되어야 합니다.

특히 저출산과 이혼율이 심각한 문제로 대두되고 있는 현대 사회에서 가족 경영의 중요성은 아무리 강조해도 지나치지 않습니다. 저는 이러한 문제들이 효과적인 가족 경영을 통해 근본적으로 해결될 수 있다고 믿습니다.

부모와 자녀 간의 소통과 이해를 도와주는 역할을 하고 싶었습니다. 가족 구성원 각각이 존중받고 서로의 이야기를 경청할 수 있는 환경을 만들 수 있도록 프로그램으로 가교 역할하고 싶습니다. 이 과정은 궁극적으로 가족을 더욱 단단하게 만들고, 더 나아가 안정적이고 건강한 사회를 만드는 데 기여 할 것입니다.

제가 사회복지학 석사 과정과 경영학 박사 과정을 통해 탐구한 주제는, 구조적인 관리 방식을 통해 가족들이 서로를 어떻게 지지할 수 있는지의 역할이었습니다. 연구를 통해 내린 결론은, 이러한 관리 방식을 실천하는 가족들이 현대 사회의 도전에 더욱 잘 대처할 수 있다는 것입니다. 용서, 공감과 소통을 기반으로 한 관계를 활성화하고, 책임감과 목적 의식을 심어줌으로써 자녀들이 사회에서 성공할 수 있도록 돕는 것이 중요합니다.

저는 책을 통해 가족 경영이라는 개념을 소개하고 싶었습니다. 전통적인 의미에서 회사를 함께 운영하는 것이 아니라, 각 가족 구성원이 전체 가족의 성공과 행복에 중요한 역할을 맡아야 한다는 사고방식을 제안하고자 합니다. 가족이 이렇게 운영될 때, 내부 관계를 개선할 뿐만 아니라 사회 전체의 복지에도 기여 할 수 있다고 봅니다.

전문가들이 자신의 자격을 증명하기 위해 면허를 취득하듯, 결혼과 부모 역할에 대한 책임을 준비할 수 있는 교육이 필요하다고 생각합니다. 이러한 교육은 학교와 평생교육센터를 통해 제공되어야 하고, 개인이 가정을 효과적으로 관리하는 데 필요한 기술을 습득할 수 있도록 도와야 한다고 생각합니다. 이로 인해 저출산과 이혼과 같은 사회적 문제 해결에 기여 할 수 있다고 봅니다.

이 책을 통해 저는 가족들이 관계를 개선하고 상호 존중을 키울 수 있는 실질적인 조언과 실제 사례 프로그램을 제공하고자 합니다. 이 책이 가족 경영에 관심 있는 분들, 부모와 자녀 간의 유대를 강화하고자 하는 분들, 그리고 건강한 가족 환경을 만들고자 하는 모든 이들에게 유용한 가족의 행복 지침서가 되길 바랍니다.

그리고 책을 읽으면서, 가족 경영의 가치를 돌아보고 그것이 여러분의 관계를 어떻게 풍요롭게 만들 수 있을지 생각 해 보시길 바랍니다. 가족이 소풍 가듯 함께 이 길을 걸어간다면, 가족은 단순한 생존을 넘어, 각 구성원이 전체의 행복과 성공에 중요한 역할을 하는 미래를 창조할 수 있을 것입니다.

 이것은 단순한 꿈이 아니라 더 나은 세상을 위한 비전입니다. 그 비전은 가정에서 시작하여 사회로 확산 되어야 합니다. 저는 교육 프로그램을 통해, 강하고 행복한 가족을 만들기 위한 회복력이 있으며 미래의 도전에 함께 맞설 준비가 된 가족을 만들어 갈 수 있다고 믿습니다.

결혼 행복나무 심기 - 결혼 관리사(라이선스)

결혼 행복나무 심기 결혼관리사 자격증 과정과 결혼을 준비 중이거나 관심 갖는 사람들을 대상으로 행복나무는 행복의 숲!!!

3세대는 - 자식세대
2세대는 - 부부세대
1세대는 - 부모세대
프로그램명 : 결혼 행복나무심기(결혼관리사 자격증 과정) 12주과정

이와 같은 프로그램도 개발하여 운영할 계획입니다.

부부 - 나와 상대 알기
우리집 - 살고 싶은 집과 가족
실습 - 손님맞이 상차림과 답례 (힘들고 어려운 가족의 치유)

가볍게 운영하면서 문제 아이의 절박한 프로그램도 진행 계획 중입니다. 대학교에서 교육학과로 졸업한 학생들이 평생교육사 자격증 취득하고 졸업하게 되는 졸업생들을 인턴십 과정으로 투입하는 것도 정부 차원에서 청년실업에 도움도 되고 전문성 있는 기획을 하고자 합니다.

평생교육사도 160시간이라는 실습을 하고 자격증을 취득하

는데 결혼관리사에 대한 자격증이 반드시 교육원에서 인턴십 과정으로 사용되어야한다고 생각합니다. 일자리 회복이 필요한 청년들과 사춘기에 부적응적인 청소년들에게도 사회에 적응할 수 있도록 가족 3세대가 공유할 수 있다면, 그들이 더 나은 사회인이 될 수 있을 것이라고 기대합니다. 그들에게도 평생교육원에 프로그램교육 받고 자격증 취득하여 자기의 끼를 찾아 주는 것도 서울미래지식평생교육원의 몫이라고 생각합니다.

그들의 끼를 교육에서 발굴해 준다면 자아존중감과 자기만족이 높아짐과 동시에 행복지수가 높아지고, 그들의 부모 혹은 자녀와 행복을 함께 공유하면서 서로를 바른길로 인도해 줄 수 있을 것이며, 사회에서 더욱 기능적인 사람이 될 수 있는 기회가 생길 것입니다. 청소년들에게도 일자리 창출이 되어 경제 수익 창출이 되면 더 낳은 결혼을 하면서 저출산에도 지금보다 현저히 줄어 들것이라고 생각합니다.

또한 이런 청소년들은 외로움을 타기 때문에 같은 공감대 있는 사람이 있으면 가정을 꾸미는 일에 적극적인 청소년들이 될 것이라 믿습니다.

가족들과 사회가 이들에게 관심을 가져준다면 높은 기대를 해봐도 과언이 아닙니다. 결혼을 기피하는 청소년들도 결혼은 하고 싶은데 직장이 없으니 경제력이 안정되지 않다보니 결혼이란 것에 엄두를 내지 못한 사례도 많이 있습니다.

부모님은 오랜 시간을 자녀에게 지쳐 있을 수도 있습니다. 사회에서 도와줌으로써 문제 청소년들이 인생을 새롭게 태어난 것처럼 자기 길을 찾아 갈 수 있도록 도와주고, 교육원에서 힘이 되도록 프로그램으로 개선해 나갈 것입니다.

문제 청소년은 처음부터 문제를 일으킨 것이 아니고, 사춘기 시절에 부모님의 관심이 부족한 때에 혼자서 바른 판단을 못하다 보니 사고에 이르렀을 수 있습니다. 사춘기 때는 속마음과는 달리 그냥 반항하고 싶기도 합니다.

사회에서 보호 받고 가족이 응원해 주면 반드시 새로운 삶을 살도록 미래를 향해 정상의 길로 오도록 사회는 적극 추천해 주면 밝은 사회가 될것으로 예상합니다. 대학 졸업한 졸업자에게 청소년에게 일할 수 있는 자리 되고 청소년 문제도 해결할 수 있다면 밝고 유익한 시대가 올 거라고 예측합니다.

대학을 갓 졸업한 자들에게 평생교육원의 인턴으로 일할 기회를 주어 평생교육사로부터 교육을 받아 일과 공부를 할 수 있게 된다면, 그들의 끼를 살려 아픈 시기를 보내고 있는 청소년들을 도와줄 수도 있고, 또 아픔을 가졌던 그들 자신도 대학 진학과 졸업 유무 상관없이 일자리를 가질 수 있는 유익한 기회가 될 것입니다.

결혼관리사 자격증을 취득한 사람에게는 정책적으로 가산점을 주기만 한다면 저출산과 결혼에 대한 관심은 증가할 거라고 믿습니다. 결혼해서 아이를 낳은 사람에게는 장례금을 준다거나 결혼관리자격증을 취득한 사람에게는 혼수에 1호가 되어진다면 저출산과 이혼율은 현저히 줄어 들것으로 예상합니다.

이러한 사각지대에 관심을 갖고 청소년들에게 사랑의 행복 나무는 사회 관심과 가정의 부모님의 관심이 모여 행복한 숲이 서울미래지식평생교육원에서 칭하고 있습니다. 이렇게 되어진다면 가족 불행 끝이고 안락한 가족의 행복 시작입니다. 또한 사회도 청소년의 문제로 어려운것에도 해결이 서서히 좋아지면서 저출산기관과 시너지 효과가 반드시 있습니다.

가족 프로그램 계획서

1. 개요

- 프로그램명 : 가족과 공유 / 용서 / 응원 / 인정 해주기
- 일시 : 매주 토 10:00 – 12:00 (2H)
- 장소 : 서울미래지식 평생교육원 강의실
- 참석 대상 : 부부 지역주민 누구나 (20명)

2. 프로그램 세부일정

기관명	서울미래지식평생교육원	교육 횟수	1부 4주, 2부 4주
업종	평생교육기관	교육 기간	8주
교육 과정명	결혼준비교육	교육 시간	매주 토 10:00-12:00(2H)
교육 대상	예비 및 신혼기 부부 지역주민 기혼 부부함께 미팅하기 (50명)		

구분 (회차)	교육일자 (시간)	교과목명	교육내용	교수학습방법	준비물
5회차	(토) 10:00 -12:00	실기 및 결혼과 가족에 대한 이해를 실기로 다뤄보기	- 가족 구성원들 간의 솔직하고 열린 대화를 통해 서로의 감정과 생각을 이해하는 것 - 가족간의 소통 중요함 - 중요공감 : 상대방의 입장에서 생각하고 용서와 공유, 공감하는 노력을 기울이는 것이 중요 - 가족이 되기 위한 열린 마음으로 - 가족간의 집안 들먹이지 않기		결혼준비 상태 검사지
6회차	(토) 10:00 -12:00	성역할과 부부관계	- 성에 대한 서로 성향 다름을 이해하기 - 성 별의 역할 구별 - 성 별의 집안 분담	강의 활동 토론	성격 특성 검사지
7회차	(토) 10:00 -12:00	부부간의 기술 소통의 방법	- 대화의 방법 대화는 주고 받기 - 갈등해결을 위한 기구 게임 동원하여 - 대화는 공간 장소 쾌적함 중요 - 부부간의 실습 서로 타협	강의 활동	대화 진단표

구분 (회차)	교육일자 (시간)	교과목명	교육내용	교수 학습 방법	준비물
8회차	(토) 10:00 -12:00	문제 해결 방법	[사랑] - 서로의 요구와 욕구를 존중하고 타협점을 찾는 방법 - 문제 해결: 갈등을 해결하기 -위해 함께 문제를 분석하고 해결책을 찾는 것이 중요함 - 가족 활동: 함께 시간을 보내고 즐거운 활동을 공유하는 것이 중요 - 점검하기 - 전문가의 도움 : 필요한 경우 가족 상담이나 전문가의 도움을 받는 것 중요함. - 가족 꼭 필요한 공유, 용서, 응원, 인정 해주기	강의 활동	실습하기 서로 대화 나누기

<가족 프로그램 계획서 - 프로그램 세부일정표>

적응력과 탄력성의 중요성

　결혼이라는 것이 변화하는 가족 구조의 흐름 속에서 중요한 역할을 하는 것은 부정할 수 없습니다. 현대 사회에서는 결혼이 단순히 남녀가 함께하는 결합을 넘어, 서로의 성장과 안정성을 보장하며 행복한 삶을 지향하는 중요한 기반이 됩니다. 그렇기에 결혼을 단순한 관계 형성이 아닌, 일정 수준의 자격을 필요로 하는 평생의 약속으로 바라보아야 한다는 시각이 점점 더 필요해지고 있습니다.

〈경기대학교 대학원장 엄길청 박사〉

　경기대학교 대학원 원장인 엄길청 박사님께서도 변화하는 시대 속에서 가족이 행복하고 지혜롭게 살아가는 길을 제시해주셨습니다. 엄 박사님은 항상 가족의 역할과 중요성에 대해 강조하시며, 그 역할을 올바르게 수행하기 위해 필요한 자격과 책임감을 이야기해 주셨습니다. 원장님은 저의 박사 과정에서 지도교수로서 저희 동기 3명을 위해 혹독한 눈물을 흘리며 교육을 받았던 기억이 생생합니다. 학문에 대한 진지한 사랑과 학생들에 대한 따뜻한 마음 그리고 채찍과 감동으로 힘든 과정을 이길 수 있도록 해 주셨습니다. 박사 논문을 지도해 주시며 인생에 관한 교과서에 없는 진리를 전해 주셨던 그분의 가르침은 저에게 깊은 울림을 주셨습니다. 그 엄격한 지도가 없었다면 지금의 제가 있기 어려웠을 것입니다.

박사 과정에서 힘들었던 순간순간마다 동기생들과 서로 위로하며 눈물을 나누기도 했지만, 마침내 박사 학위를 받았을 때는 그 모든 것이 값진 추억과 은사님의 유산으로 남았습니다. 이러한 경험이 있었기에 현재의 어려움도 이겨낼 수 있었고, 학문과 인생에서 힘이 많이 되고 있으며 웬만한 것은 다 이기는 힘이 생겼습니다.

결혼 역시 전혀 다른 환경에서 자란 사람과 만나 일생을 함께 맞추어 살 건데, 사랑만으로 살기에는 매우 어려우므로 그에 필요한 준비와 자격을 갖추어야 한다고 절대적으로 생각합니다. **'결혼관리 자격증'**이라는 라이선스를 취득하고 가면 어려움을 지혜롭게 피해 갈 수 있다는 저자의 생각입니다.

현재 사회에서는 각기 다른 자격증이 많이 있습니다. 자기 관리에 대한 것과 사회가 요구하는 자격증은 많은데 결혼관리사에 대한 자격증은 없습니다. 자아발전을 위한 자격증도 중요합니다만, 결혼관리사 자격증은 꼭 필요하다고 생각합니다.

배우자와의 결혼 생활을 성공적으로 유지하려면 서로 간의 책임감과 응원, 용서와 지지가 필요합니다. 또한 상대방의 기를 살려주는 것이 중요합니다. 이러한 교육을 받고 라이선스를 취득한다면 이혼율 감소와 저출산에 도움이 되고 문제 아이도 줄어들 것으로 생각합니다.

저는 박사과정에서 혹독한 배움이 인생에서 가장 보람된 과정이라고 생각합니다. 엄길청 은사님은 박사과정 강의에 지식과 인생의 어려움을 돌파할 수 있는 명강의에 힘을 얻어 가족경영의 돌파구를 알수있었습니다. 아마도 그런 혹독한 지도를 받지 않았으면 저도 일반인이나 다름없는 남편과 자녀와의 싸움이 지속되지 않았나 하는 반문을 해봅니다.

그 위에는 하나님의 인도하심도 있습니다. 박순희 전도사님의 일주일간의 엄격한 극기훈련으로 더욱 하나님을 알게 되면서 기도하는 삶으로 전환하기도 하였습니다.

따라서 결혼관리사 자격증을 준비하는 사람들은 서로에 대해 충분히 이해하고, 상호간의 감정과 가치를 존중하며 살아가기 위한 자격을 갖추는 과정을 반드시 거쳐야 할 것이라고 생각합니다. 이는 결혼 생활에서 발생할 수 있는 다양한 도전을 슬기롭게 극복하고, 서로의 행복을 위해 기여할 수 있는 기반이 될 것입니다.

오늘날 존재하는 다양한 가족 구조를 고려할 때, 아동 발달에 있어 하나의 정답이 존재하지 않는다는 것은 분명합니다. 가장 중요한 것은 가족이 각자의 상황에 어떻게 적응하고 자녀의 정서적, 사회적, 인지적 성장을 지원하는가입니다. 아이들은 매우 회복력이 강하며, 안정적이고 사랑이 넘치는 환경만 제공된다면 다양한 가족 환경에서도 충분히 있을 수 있습니다.

부모와 보호자는 자녀가 현대 가족 생활의 복잡성을 헤쳐 나갈 수 있도록 돕기 위해 개방적인 소통을 장려하고, 정서적 지지와 일관된 지침을 제공해야 합니다. 또한, 부모는 자녀가 자신들의 관계에서도 모방할 수 있도록 공감, 인내, 문제 해결과 같은 긍정적인 행동을 멘토링하는 것이 중요합니다.

지난 몇십 년 동안의 가족구조 변화는 아동 발달에 분명히 영향을 미쳤으며, 그 과정에서 도전과 기회를 모두 가져왔습니다. 전통적인 가족 모델은 강력한 지원 네트워크를 제공했지만, 현대의 가족구조는 자녀가 건강하고 양육적인 환경에서 성장할 수 있도록 새로운 접근 방식을 요구합니다.

이러한 변화를 이해하고 적응함으로써, 부모는 자녀가 오늘날의 세계에서 성공하는 데 필요한 정서적 회복력, 사회적 기술, 자신감을 개발할 수 있도록 도울 수 있습니다. 궁극적으로, 아동의 발달 성공을 결정하는 것은 특정한 가족 구조가 아닌 가족 내에서 형성되는 관계입니다.

가난했던 어린 시절

　가난한 집안의 막내딸로 자란다는 것은 끝없는 추운 겨울 속에 사는 것과 같았습니다. 따뜻함과 편안함을 찾기란 쉽지 않았고, 부모님의 기침 소리와 아픔의 통증을 호소하는 소리가 우리들에 마음은 늘 부모님께 잘 해야겠다는 각오에 다짐을 했습니다. 부모님께 효도해야 한다는 작은 소망이었습니다.

　암흑과 어둠이 있었지만 우리 어머니께서는 늘 자식을 위하셨고, 저녁이면 인생에 대해 이해도 못하는 어린 자식들에게 들려주신 명언이, **늘 봉사하고, 마음을 비우고. 용서, 남에게 베풂**이었습니다.

　내가 손해 봐야 상대가 이익이 된다는 말씀을 늘 해주셨습니다. '왜 잘못도 안 했는데 잘못했다, 미안하다고 해야 해?', '왜 상대를 이롭게 해줘야 해?'라고 당돌하게 반문했는데, 이제서야 그때의 어머니가 얼마나 현명하셨지를 알게 되었습니다. 그 어둠 속에서도 마치 숨겨진 보석처럼 새 희망을 주신 순간들이었습니다. 그 순간들은 우리 가족의 길을 어머니의 말씀으로 빛을 비춰주셨고, 깊은 사랑과 소중한 교훈을 5남매에게 주셨습니다.

특히, 어머니에 대한 기억이 선명합니다. 어머니는 가난한 시절에 배고픔을 느끼셨음에도 불구하고, 가족을 위해 그 배고픔을 참아내셨습니다. 그러나 말씀으로 허기진 배를 채워주셨습니다. 육신의 배는 채우지 못하셨지만 우리 가족은 머리로 마음으로는 늘 즐거웠습니다. 어머니는 자녀 배고픔을 미리 생각하시고 "난 이미 먹었어"라는 말로 가족을 위해 자신을 희생하셨습니다.

어머니의 이러한 사랑과 헌신은 저에게 깊은 감동을 주셨고, 평생 잊지 않고 감사할 어머니의 지혜와 희생 정신으로 남아 있습니다. 어머니는 사랑과 돌봄의 가치를 제게 가르쳐주셨으며, 어머니의 희생 덕분에 지금의 저가 될 수 있었습니다.

어려운 시기에도 가족을 위해 헌신하는 어머니의 모습을 보는 것은 저에게 잊을 수 없는 경험이었습니다. 어머니는 마치 초인적인 힘을 발휘하셨습니다. 끼니를 해결하기조차 힘든 상황에서도 어머니는 자신의 3끼중 한끼의 몫을 드시지 않고 아끼어 한끼의 쌀양을 모아 두셨으며, 그 쌀을 팔아 가정의 자녀들 비상금으로 사용 하셨습니다. 어머니는 언제나 자신의 배고픔보다 자녀들의 배고픔을 먼저 생각하셨습니다.

어머니는 우리가 먹을 음식이 부족하다는 사실을 알고 계셨지만, 그 사실을 숨기고 자신의 식사량을 줄이셨습니다. 그런 어머니의 모습을 통해 저는 이타심의 본질과 가족 내에서 사랑이 지니는 힘을 배울 수 있었습니다. 어머니의 말과 행동은 말없이도 저에게 많은 교훈을 주셨습니다. 어머니의 사랑은 그 힘든 날들을 견뎌내게 한 가장 큰 원동력이었습니다.

막내딸로서 저는 부모님의 일상적인 사랑과 희생을 가까이에서 지켜보았고, 그 모든 것이 저의 자연스러운 교육의 일부가 되었습니다. 그 사랑과 희생은 제 가치관의 뿌리가 되었고, 어떠한 상황에서도 포기하지 않겠다는 결단력의 원천이 되었습니다. 그 작고 어두운 집에서 배운 교훈들은 어떤 정규 교육보다도 더 소중한 어머니의 유산이었습니다.

20대에 부모님을 모두 여의고 나서 항상 외롭고 부모님이 그리웠던 저에게, 故강길환 경기대학교 교수님은 늘 오빠처럼 따뜻하게 대해주셨고, 학부논문을 쓸 때에도 지적인 도움을 많이 주셨습니다.

무엇보다 교수님은 만남과 이별의 중요성을 강조하시며, 항상 동기들과의 애정을 나누는 법을 가르쳐주셨습니다. 교수님은 산악회에 가실 때마다 항상 학생들과 나눌 수 있는 무언가를 가져오셨고, 우리에게 마음을 채우는 말씀을 해주셨습니다. 교수님과 대화를 나누고 나면 억울하거나 허전했던 마음이 가득 채워지는 느낌이었습니다. 언제나 공감과 인정을 통해 힘과 용기를 주신 교수님 덕분에, 저뿐만 아니라 동기들 모두 그분을 존경하고 따랐습니다.

교수님은 만남과 헤어질 때면 제자들을 위해 시집 책 한권씩을 선물해 주셨고, 그 안에서 동기생들은 교수님께 따뜻함과 위로를 느낄 수 있었습니다. 때로 친구들과 갈등이 생긴 경험들을 교수님께 나누게 되는 예가 있었지만 늘 교수님의 지혜로운 말씀에는 갈등에 해결책을 찾을 수 있도록 조언을 해 주셨습니다. 교수님은 언제나 시간을 내어 학생들을 상담해주셨고, 이해심 많고 공감이 깊으신 분이셨습니다. 교수님과의 대화는 우리 학부생 동기들 간의 갈등을 치유 해 주시는 힘이 되셨습니다.

사회복지를 전공한 친구들은 필요한 것을 나누는 데 탁월하고, 경영학을 공부한 친구들은 유산을 남기는 데 뛰어난 것 같습니다. 제가 다른 사람에게 베풀고 그들에게 힘이 될 때, 어느 순간 나도 모르게 우뚝 서 있는 자신을 발견하게 됩니다.

군무원 : 시절의 경험

첫 날의, 분주한 복도 사이에 들려오는 긴장된 대화들 속에서 느껴지는 책임감과 분위기가 아직도 뇌리에 스쳐 지나갑니다.

공무원으로서의 직장인 그곳에서 저는 규율의 중요성, 전략적 사고를 배웠습니다. 그리고 어떠한 상황에서도 긴장하면서, (어린시절의 어머님께 배운) **상대를 이롭게 해 주고 내가 잘못하지 않았어도, 스펀지처럼 '제가 잘못했습니다.'라는 생각으로** 남의 일도 내가 먼저 해 주었습니다. 또한 직원들에게 봉사하였고, 직장 초보로서 내 일에도 충성하였으며, 선배님들의 일에도 먼저 와서, 근무하실 수 있도록 세팅을 해드리는 것으로 조금씩 적응해 나갔습니다.

가난했지만 인간 관계의 기본을 알려 주셨던 어머니의 가르침을 이곳에서 새록새록 기억하게 되었고, 덕분에 그 배움은, 사실 대학 시절 편입을 했을 때 동기들에게 스펀지처럼 잘 적응하여 모두에게 잘 아우른다는 평가를 들었는데, 직장생활도 잘 적응하여 어려움 없이 잘 지냈습니다.

2018년도 월간인권 8월호에 사람들과의 관계유지가 '4차산업 혁명시대의 키워드'라는 월간지를 발간한 경험도 있습니다.

평생 공직과 공부로 살아오며 배우는 워킹맘의 산 증인 이계순 박사 지금의 저를 만들어 주신 것은 어린 시절 어머니로부터 지혜로움을 가르쳐 주신 산교육과 하나님의 은혜라고 생각합니다.

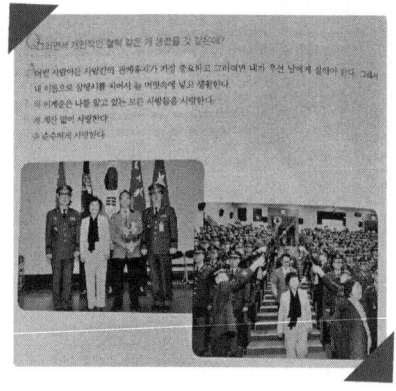

경험이 부족한 저로서는 긴장을 떨칠 수 없었습니다. 그때만 해도 나이도 어리고 회사생활 경험도 적은 마음여서 늘 진장을 했습니다.

그 이후에도 저는 끊임없는 배움에 대한 갈증을 느끼며 배우고 싶은 것에는 시간을 아끼지 않았습니다. 자신을 발전시키고자 하는 열정으로 하루 4시간 이상 잠을 자지 못했습니다. 저는 힘들고 어렵고 신랑과 의견충돌이 생길 때도 싸움보다는 뭔가 배움으로 스트레스를 풀었던 것 같습니다.

군무원 시험에 합격했다는 소식을 들었을 때부터, 저의 여성 군무원으로서의 특별한 삶이 시작되었습니다. 군무원 생활을 하면서, 저는 은퇴 후 제 2의 인생을 준비하면서 배움에 대한 갈망이 더욱 커졌고, 학문적으로 더 많은 것을 배우고자 하는 열망이 저를 다시 대학원으로 이끌었습니다. 밤낮으로 고민한 끝에, 결국 대학원에 진학하기로 결심했습니다.

대학원에 입학하면서, 저는 그동안의 고난과 기쁨이 뒤섞인 여정을 바탕으로 제 사회적 경력을 확고히 다질 수 있었습니다.

그중에서도 가장 의미 있고 어려웠던 경험 중 하나는, 학부 시절과는 달리 석사과정은 조직의 기관장들과 직접 대면하며 그 현실을 마주하게 된 것이었습니다. 학부 시절은 연속적인 학습의 과정이었다면, 석사 과정에서는 많은 사람을 관리하고 모든 면에서 전문가가 되어야 한다는 점에서 가는 길이 달랐습니다. 저는 나 자신의 욕심보다는 타인을 섬기고, 타인이 어떻게 살아갈지를 돕는 역할을 해야 하는 삶으로 전환하게 되었습니다. 석사 과정을 보내면서 저의 인생 경로는 완전히 달라졌습니다.

박사과정 입문 - 인생의 준비

〈저자 이계순〉

제 박사 논문의 주제는 실버 서비스 산업의 공간 서비스와 의료 서비스가 입주 만족도과 선택 의도에 미치는 영향에 관한 연구였습니다. 이 연구를 통해 저는 2017년 경기대학교에서 경영학 박사 학위를 취득할 수 있었습니다.

학기 초에는 석사 때와 학과를 바꾸어 왔기 때문에 어려움이 컸습니다. 대부분의 학기 동안 교수님들로부터 사회복지와 경영학에 대한 것에는 완전히 다르다는 것에 느끼며 외로움을 느꼈습니다. 제가 무엇을 느끼고 있는지 잘 알지 못한 채로 소외감을 느꼈습니다. 그러나 공무원인 저는 조직에 보고를 해야 했기 때문에, 교수님들께서도 무엇을 가르쳐야 할지 많은 고민을 하셨다는 말씀을 전해 들었습니다. 말씀을 듣고 위안이 되었습니다.

제가 연구 결과를 발표할 시기가 다가왔을 때, 남편의 남동생 즉 저의 시동생이 말기 간암으로 입원했다는 소식을 들었습니다. 이 소식은 우리 가족에게 너무나 큰 충격이었습니다. 시동생은 항상 활기차고 친절하며, 우리 가족에게 큰 힘이 되어 주었던 사람이라서 그 소식은 온 가족에게 엄청난 충격이었습니다. 남편과 저는 병원에서 많은 시간을 보내며 기적을 기다렸습니다. 기적을 기대했지만 기대는 기대로 실망만 남겼습니다.

결국 제가 학업에 모든 열정과 노력을 쏟아 붓고 있던 와중에 시동생은 가족의 곁을 떠나게 되었습니다. 그때 느꼈던 슬픔은 말로 다 표현할 수 없었습니다. 그의 죽음은 우리 가족에게 커다란 공백을 남겼고, 가족의 변화가 가져왔습니다. 남편은 깊은 상실감을 겪었고, 저는 박사 과정의 책임과 가족의 의무 사이에서 균형을 맞추려고 애썼습니다.

이 시기에 저는 가족을 위해서 얼마나 큰 희생과 봉사가 필요한 지 절실히 느꼈습니다. 그러나 시동생에게 실질적인 도움을 줄 수 없었다는 것이 너무나 안타까웠습니다. 제 뜻과는 달리 학업의 부담까지 겹쳐 집중하기 어려운 시기였지만, 그럼에도 불구하고 목표를 향해 나아가려고 노력했습니다.

이 혼란 속에서도 계속해서 나아갈 힘을 찾아야만 했습니다. 그 힘은 어머니가 어린 시절부터 항상 해주셨던 말씀에서 나왔습니다. 어머니는 늘 **"절대적인 인내가 필요하다"** 고 말씀하셨고, 그 말은 제가 다시 일어설 수 있게 해주는 빛이 되었습니다. 어머니가 강조하셨던 봉사와 인내와 내면의 강인함 덕분에 저는 다시 새로운 목표 의식과 믿음으로 학업에 집중할 수 있었습니다.

시동생의 죽음은 너무나 가슴 아픈 일이었지만, 동시에 인생의 덧없음과 흔들림 없는 결단력의 중요성을 일깨워 주는 시간이기도 했습니다. 시동생의 죽음 이후 박사 과정을 재개하는 것은 결코 쉬운 일이 아니었습니다. 슬픔 속에서 때때로 그 상실의 무게를 견디기 힘들었습니다. 하지만 그 시기는 저에게 깊은 자아 성찰의 시간이기도 했습니다. 저의 동기, 목표, 그리고 연구의 진정한 목적에 대해 다시 생각하게 되었고, 그때 깨달은 것은 제 연구가 단순한 학문적 성취를 넘어, 사랑하는 이들의 희생을 기리는 하나의 길이 될 수 있다는 것이었습니다.

이 시기 동안 저는 심각한 건강 문제를 겪었습니다. 학업과 가정의 책임, 그리고 상실에 대한 스트레스는 제 몸에 큰 영향을 미쳤습니다. 자주 아팠고, 때로는 침대에서 일어나는 것조차 어려운 날도 있었습니다.

그때 저는 아리랑 이사장인 자연 치유학 유명옥 박사님이 운영하는 민요 교실을 찾아 배우기 시작했고, 민요를 배우면서 호흡 곤란 증세가 점차 치료 되었습니다. 박사님 덕분에 저는 고통 속에서도 회복 탄력성을 배우게 되었고, 몸의 신호를 듣고 스스로를 돌보며 자기 관리를 우선시하는 방법을 깨달았습니다.

박사 과정 동안 겪은 개인적인 상실과 건강 문제는 저에게 자기 연민과 어려운 경력 속에서 대처하는 법을 가르쳐주었습니다. 무리한 목표를 세우지 않고, 계획대로 되지 않을 때 너무 스스로를 책망하지 않는 것이 얼마나 중요한지 깨달았습니다. 이 과정에서 저의 가족은 큰 힘이 되었습니다. 특히, 남편은 제 슬픔 속에서도 묵묵히 제 곁을 지키며 저를 지지해 주었습니다.

결국 박사 과정의 마지막 관문이었던 공개 발표는 성공적으로 마무리되었습니다. 저는 단순히 연구자로서가 아니라, 인생의 도전을 이겨내고 더욱 강해진 사람으로서 청중 앞에 섰습니다. 개인적인 상실과 건강 문제 속에서 박사 과정을 이어간 경험은 저를 완전히 변화시켰습니다. 이 경험은 제 공감을 깊게 하고, 회복력을 강화했으며, 교육과 끈기의 힘에 대한 믿음을 더욱 굳게 해주었습니다.

제가 오늘 이 자리에 설 수 있는 것은 어머니의 희생과 강인함, 그리고 가족의 변함없는 지지 덕분입니다. 이 과정은 진정한 힘이란 도전이 없어서 생기는 것이 아니라, 도전을 이겨내고 그로부터 배우며 앞으로 나아가는 데서 비롯된다는 사실을 깨닫게 해주셨습니다.

대학원에 입학하고 교육 정책 연구에 집중하면서, 저는 성인 평생학습 프로그램에 대한 현장 연구, 교육자 및 학습자와의 인터뷰, 그리고 수업 참관을 통해 많은 통찰을 얻게 되었습니다.

이러한 모든 경험들은 제 꿈의 프로젝트인 미래지식평생교육원을 설립하는 데 기초가 되었습니다. 평생교육원을 세우는 과정은 또 하나의 폭풍을 견디는 것과 같았습니다. 자금을 확보하는 일, 커리큘럼을 개발하는 일, 평생학습의 중요성을 이해 관계자들에게 설득하는 일 등 주요 도전들이 있었습니다.

그러나 우리의 첫 학생들이 변화하는 모습을 보며, 모든 어려움이 가치 있었다는 것을 깨달았습니다. 젊은 학생들이 기술을 향상 시키고, 나이 든 학습자들이 평생의 열정을 추구하는 모습을 지켜보는 것은 그 자체로 큰 보람이었습니다.

저는 평생학습 프로그램이 성인 교육에 미치는 영향을 주제로 논문을 작성 하기로 결정했습니다. 이 주제는 저에게 큰 의미가 있었는데, 왜냐하면 저는 교육이 삶의 모든 단계에서 변화를 일으킬 수 있는 힘을 가지고 있다고 믿기 때문입니다. 하지만 이 연구를 수행하는 과정은 결코 쉽지 않았습니다. 교육자, 정책 입안자, 성인 학습자들과의 인터뷰를 포함한 광범위한 현장 조사가 필요했습니다. 여러 평생학습센터를 방문하고, 수업을 참관하며 참가자들과 경험을 나누는 과정을 통해 연구를 진행했습니다.

특히 기억에 남는 경험 중 하나는 시골 지역에 위치한 평생 학습센터를 방문했을 때였습니다. 비록 건물은 소박했지만, 학습자들의 열정은 그 어느 곳보다 강렬했습니다. 그들 중 많은 분들은 정규 교육을 받지 못한 고령자들이었고, 그들의 이야기는 매우 감동적이었습니다.

갈수록 일자리 창출은 어려워지고 개인 간의 경쟁은 심해져 누구나 초년 실업이든 중도 실업이든 노년 실업이든 평생 실업의 가능성을 안고 살아갈 처지에 놓였습니다. 디지털 사회에서는 가족들의 직업 효능감이 가장 중요하다고 생각하면서 새로운 일을 시작할 수 있고 직업도 전환할 수 있는 능력을 온 가족들이 잘 갖추어야 하는 시대입니다.

궁극적으로 요즘 날로 늘고 있는 청년 실업의 문제도 결국은 가정의 과제로 돌아오게 될 것으로 예상되며, 학교만 졸업하면 직장을 구하던 시대는 이미 지나갔고 가족들은 힘을 모아 자식이나 형제의 일자리를 다시 만들어주는 일까지도 담당해야 하는 부담까지 안게 되었습니다. 가정은 이제 스스로 기업임을 자처해야 하고 가정 관리가 아닌 경영 마인드로 꾸려 가야만 한다고 생각합니다.

나이가 많고 적음을 누구나 자신의 인생 전략을 다시 추스르고 가족 간에 이러한 공감대를 공유하면서 개인은 전략 가정은 경영의 개념을 이해하고 대비해야 할 때 자신의 경제적 신분을 지켜 줄 직업 선택에서 시작하여 창업 전략, 그리고 자산의 투자 방법 등 독립경영의 노하우를 잘 익혀 두어야 한다고 주장합니다. 이러한 과정은 박사 과정에서 배운 것으로, 노하우와 논문을 쓰는 것에도 힘이 되고 현실에서도 급 변화하는 시대 흐름을 알고 가는 힘이 되었습니다.

 박사과정 3학기에 들어서니, 논문 지도교수님이 동기 3명에게 책 2권 씩을, 기간은 약 2주 씩 주시며 읽고 발표하라고 말씀하셨습니다. 순간 하늘이 무너지는 것 같았는데 현실이 주어지니 다른 일은 아무 것도 못하고 오로지 책과의 싸움으로 2주 만에 책 한 권을 읽고 PPT를 만들어 발표를 할 수 있었습니다. 눈물을 흘린 그 당시는 '내가 왜 이런 것을 선택했지?'라고 혼자서 묻고 울다가 다 해내고 나서는 자아존중감도 생기면서 어떤 일에도 자신감과 용기를 얻게 되었습니다.

 교수님께 처음 책을 받았을 때는 동기들과 너무 한 것 아니냐고 합창으로 교수님께 불만을 표 했는데 지금은 오히려 그 경험이 오늘의 힘듦을 이겨낼 수 있지 않았나 생각합니다. 어떤 어려움이 생길 때는 부딪쳐 보는 것이 훗날에 내공으로 쌓일 수 있어 마음이 든든하게 됩니다. 힘들고 막연한 일이 발생 할 때는 공부해야 합니다.

결혼 생활에서 남편과 저는 수많은 다툼을 했고, 이혼 위기까지 가기도 했습니다. 하지만 제가 지금까지 배운 것과 어머니에게서 보고 배운 것을 생각하며, 이제는 제가 선택한 것에 대해 책임을 질 시간이라고 생각을 바꾸었습니다. 깨달은 것은, 나 자신을 먼저 생각하기보다는 아이의 입장을 생각하고, 내 자신보다 가족을 먼저 생각해야 한다는 것이었습니다.

그리스 철학자 소크라테스는 사람들에게 '네 자신을 알라' 는 경구를 던진 것으로 유명하지만 실제로 그가 하는 말은 '나는 내가 잘 모른다는 것을 알고 있다'입니다, 이는 우리에게 시사하는 바가 큽니다. 즉 자신이 모른다는 것을 인정하는 자세로 문제를 인식하고 출발한다는 뜻으로 많은 사람들은 알고 있습니다. 그러하듯 가족은 힘들고 어려움을 단기간에 해결하려고 하는 것보다는 기다려 주는 관용과 미덕이라고 생각합니다.

박사 과정을 시작하면서 가족은 저에게 큰 지지와 응원을 보내주었고, 그 덕분에 저는 공부에 전념할 수 있었습니다. 가족의 인정을 받으면서 박사 과정의 어려운 여정도 조금은 수월하게 느껴졌습니다. 박사 과정 중 논문을 쓰는 것은 결코 쉬운 일이 아니었지만, 가족의 힘이 있었기에 어려운 과정도 견딜 수 있었습니다.

논문을 위해 많은 책을 들고 집에 돌아왔을 때, 남편은 거실에 앉아 저를 그냥 바라보기만 했습니다. 예전 같으면 무거운 짐을 도와주지 않는 남편에게 화가 나서 목소리를 높이고 몇 날 며칠을 싸웠을 일이었지만, 배움이 많을수록 마음이 성숙해진다는 것을 알게 되면서 화를 내기보다는 나 힘든데 도와 달라고 낮은 소리로 도움을 청했습니다.

"이럴 때는 이렇게 해야 해요. '무거운 책 들고 오느라 힘들었겠다' 라고 말하는 것이 가족의 덕목이에요."

이전 같으면 당연하다고 여겨서 아무 말도 하지 않았을 텐데 이제부터는 작은 것 하나라도 표현하고 감사하자고 했습니다. 남편은 비로소 깨달았습니다. 무거운 책을 들고 오는 것이 얼마나 힘들었는지를 알아차리고, 저에게 예를 표했습니다. 이 과정에서 저는 가족 내 변화가 상호 인정과 배움의 중요성을 깨닫는 시간이 되었습니다.

가족들이 집에 들어온 순간, 가족은 편안한 안식처가 되어야 한다는 점을 가족들에게 늘 강조했습니다. 그렇다고 처음부터 잘한 것은 아니었습니다. 실수도 하고 시행착오도 겪었습니다. 그러나 시간이 흐르면서 가족들 모두가 조금씩 달라지기 시작하였고 이전 같으면 장애물처럼 여겼던 것들이 극복되기 시작했습니다.

그 이후로 남편과 저는 서로 어떻게 대하느냐에 따라 가족의 피로가 해소되기도 하고 쌓이기도 한다는 대화를 깨닫고 이후로 남편은 저를 더 존중하기 시작했으며, 절대 비하하는 말을 쓰지 않으며 항상 예의를 지켰습니다.

우리는 항상 '안다'라는 진보적인 표현을 '알아가는 것'으로 바꿔야 한다고 생각합니다. 목소리를 높여 상대를 무시하며 이기려고 하면, 그때부터 가족 내 압박은 깊어지고, 회복하기 어려운 환경으로 변하게 됩니다. 그렇기 때문에 아무리 부부라 하더라도 예의를 지키면서 서로를 인정하는 과정이 더 필요하다고 봅니다.

대부분의 가족 싸움은 예의 부족에서 비롯됩니다. 싸움을 피하려면 친절을 베푸는 것보다는 기본적인 예의를 지키는 것이 더 중요합니다. 참기만 하는 것이 아니라 대화를 나누어야 합니다.

대화가 잘 되지 않는 이유 중 하나는 상대방을 자신의 틀 안으로 끌어들이려 하기 때문입니다. 대화는 주고받는 것이어야 하며, 일방적인 소통이 된다면 상처를 주기 쉽습니다. 이는 단순히 소통의 문제가 아니라, 가족 내에서 진정한 소통이 이루어져야 한다는 의미입니다.

상대방을 인정하고 공감할 때 진정한 소통이 가능해집니다. 그렇지 않으면 대화 시도조차 부정적으로 느껴질 수 있습니다. 서로를 지지하고, 격려하고, 자주 어깨를 토닥이면 싸움은 줄어들고 진정한 대화가 이루어질 것입니다. 가족 관계에서 자주 사용되는 인정과 소통이 가족 경영의 필수 요소라고 저는 믿습니다. 그러나 현실적으로 많은사람들이 이 부분에서 인색합니다. 중요한 점은 내가 독립적으로 나서서 가족을 돌보면 스트레스가 절반으로 줄어든다는 것입니다.

가장 이상적인 상황은 아내가 남편을 인정하고 격려하고, 남편이 아내를 인정하며, 부모와 자녀가 서로에게 희망을 주는 것입니다. **"나는 항상 네 곁에 있어,"** 또는 **"너의 존재가 우리 가족에게 큰 힘이 돼"** 라는 말은 가족에게 큰 힘이 됩니다. 이렇게 가족은 소풍같은 인생을 만들 수 있습니다. 어려움이 있더라도 세대 간의 공감과 소통이 유지되면, 부모, 자녀, 손주 세대가 함께하는 조화로운 가정은 무한한 가능성을 가지고 인생을 진정한 소풍 같은 삶으로 변화시킬 수 있습니다.

부부가 서로 공감하고 나누면 그 안에서 행복을 공유할 수 있습니다. **"당신 잘하고 있어"** 라고 항상 격려해주고, 어려움을 나눌 수 있는 분위기를 만드는 것이 중요합니다. 가족들이 서로 이야기를 나누고 공감하며 **"맞아, 그럴 줄 몰랐어, 내가 오해했네"** 라고 인정하면, 싸움은 줄어들고 오히려 대화를 하고 싶어집니다. 밖에서 힘든 일이 있어도 집에 와서 편안히 쉴 수 있는 집을 만든다면 사회도 좋아지고 나라도 더 강해질 것입니다. 또한 퇴근도 출근처럼 생각으로부터 희망을 갖게 되는 가족의 리더십을 발휘하는 사람은 결국 사회에서도 능력있는 리더로 성장할 수 있습니다.

서울미래지식 평생교육원 설립

남서울 평생교육원에서 협력 기관들의 도움을 받으며 일하던 중, 여러 상황이 변하면서 저는 독립해야 하는 상황에 직면하게 되었습니다. 오랫동안 교육원을 설립하기 위해 수많은 건물을 방문한 끝에 신설동에 자리를 잡게 되었고, 그 자리에 설립되었습니다. 수없이 꿈꿔왔던 꿈을 실현하면서 마치 세상을 얻은 듯한 기분이 들었습니다. 그때의 행복은 잊을 수 없는 감정이었습니다.

서울미래지식평생교육원의 공식 개원은 저에게 매우 의미 있는 순간이었습니다. 새로운 지식, 경험, 그리고 통찰력을 바탕으로 평생교육원를 설립하게 되었습니다. 오랫동안 마음속에 품고 있던 꿈이었고, 이제 그 꿈이 현실이 되었습니다. 제가 목표로 했던 것은 다양한 연령대의 사람들이 모여 함께 배우고 성장할 수 있는 공간을 만드는 것이었습니다. 젊을 때 너무 바빠서 배우지 못했던 숙제들을 채워가는 이들이 있었고, 그들은 자신의 잠재력을 실현하며 개인적으로 성장해 나갈 수 있도록 그에 맞는 프로그램으로 운영하고 있었습니다.

특히 코로나19로 인해 힘든 시기에도 정보를 빠르게 얻고 어려운 문제들을 해결하며 자기 개발을 위해 여러 자격증을 준비할 수 있는 기회를 제공하는 공간이기도 합니다. 또한 저출산, 이혼율, 청소년 문제 등에 대해 많은 사람들과 이야기할 기회를 가졌습니다. 이 모든 과정에서 저는 청소년 카페에서 봉사활동을 하며 얻은 경험을 자랑스럽게 활용할 수 있었습니다.

초기 교육계에서의 커리큘럼은 저에게 큰 도전이었습니다. 33년간 공무원으로 일하며 은퇴를 몇 년 앞두고 있었지만, 서울미래지식 평생교육원을 시작하는 것은 또 하나의 직업으로, 열정을 갖고 뛰어들게 되었습니다. 초기 단계에서는 자금 확보, 적합한 장소 찾기, 그리고 종합적인 커리큘럼 개발 등 수많은 불확실성에 직면했습니다. 제안서를 작성하고 잠재적인 투자자들을 만나며, 교육자들과 지역사회 리더들과 네트워킹에 많은 노력을 기울였지만, 가장 큰 장애물 중 하나는 지속적인 교육의 중요성을 이해관계자들에게 설득하는 것이었습니다. 많은 사람들이 프로그램에 대한 수요가 있을지에 대해 의문에 논의 했습니다. 하지만 저는 강한 믿음으로 이를 극복하려 노력했습니다. 박사 논문에서 얻은 데이터를 제시하고, 현장에서 얻은 데이터와 박사 과정에서 연구한 데이타와 많은 회의를 통해 지역 사회에 발전을 위해 프로그램 개발하여 지역사회에 접목 하고있습니다.

 사회경험이 부족한 제가 처음으로 사회에 발을 내딛기 위해 투자했던 학교는 문화예술 학교이기 때문에 행사를 통해 수익이 창출되는데, 코로나19로 수입 창출이 안 되다보니 운영이 안 되어 결국은 문을 닫게 되었습니다. 그러나 그때 그 건물 실장님께서 대관해 줄 테니 와서 쓰라고 배려를 해 주셔서 큰 어려움 끝에 실장님의 도움으로 강의실을 쓰게 되었습니다.

 3~4년을 잘 운영하고 있던 중 그 건물이 업종이 바뀌게 되면서 우리는 이사를 해야 되어 수없이 많은 건물을 보게 되었고, 어느 날 이 곳 신설동을 임대하게 되면서 여기가 서울미래지식평생교육원의 보금자리가 되었습니다.

 교육원을 설립 전, 저는 성동구 자치위원회 위원장인 방태봉 위원장님을 만났습니다. 저는 교육원 개원을 준비 중이라고 말씀드렸고, 비록 지금 사회가 어려운 시기이지만 위원장님은 개원식에 필요한 모든 물품을 제공해 주셨을 뿐만 아니라 식사까지 챙겨 주셨습니다. 그때의 감동은 아직도 잊을 수 없습니다. 많은 사람들을 초대하여 풍요롭게 개원식이 완전 잔치가 되었습니다.

〈방태봉 자치위원장〉

방태봉 자치위원장님은 저의 교육 사업 시작에 많은 힘을 주셨습니다. 위원장님이 기쁜 마음으로 등록원서에 1번으로 서명하면서 시작되었다고 해도 과언이 아닙니다.

위원장님은 **'청소년 학생들에게 많은 관심을 갖고 사람을 키워야합니다.'** 라는 철학을 가지고 15년이라는 세월을 봉사하고 있던 중 저희 학교를 알게 되면서, 관내에서 학생들을 선발하여 장학금을 주고 있으며, 지자체에서 다양한 봉사 활동으로 봉사하고 있습니다.

위원장님이 새싹들을 키워야 하는 철학은 저희 교육원과 함께 하면 좋은 시너지 효과를 낼수있을 것 같습니다. 방태봉위원장은 15년간의 봉사 경험을 가지고 계셨기에 개원식에서도 여성보다 더 섬세한 배려로 최고의 잔치를 열어주셨고, 성공적으로 행사를 성황리에 맞혔습니다. 8월 31일 개원였습니다.

저의 철학은 대한민국 국민이라면 결혼을 하여 아이를 낳아 가정을 꾸미고, 회사에서 퇴근 후 집에 오는 길이 출근한다는 마음으로 올 수 있도록 사회구조를 만든다면 자동으로 저출산은 줄어들 거라고 생각합니다.

문제 청소년이라는 타이틀을 만들기 전에 사춘기 때 잠간 자기 판단이 명확하지 않을 때 실수로 인정해 주고 이런 청소년들에게 사회가 더욱 깊이 다가가 준다면 이들은 빠르게 사회 진출하게 될 거라고 생각합니다. 자녀가 주는 행복도 느껴 보고 자녀를 키우면서 부모님께서 나를 어떻게 키웠을까의 산 경험에 어른이 되는 실제상황을 가져 보시는 것 또한 행복을 주는 사례라고 생각합니다.

〈신현숙 교수〉

교육원 시작에 신현숙교수는 PC 한 대 기증 해주시고 건물 얻어 한 달 동안 수리하고 준비 과정에서도 매일 와서 저녁을 사주고 가는 일 잊지 못할 일도 있습니다. 또한 학생 모집에도 내일처럼 솔선수범해서 학생 모집에 참여 해 주셨습니다.

교육원 설립에는 많은사람들이 교육원에 대한 애착심을 갖고 많은 기여로 교육원은 탄생했습니다. 영등포에서 꽃 가게를 하신 박진성 대표는 삼복더위에 땀으로 범벅하면서 사무실 집기를 1층에서 4층까지 엘리베이터도 없이 올려주신 대표님 여러분의 봉사로 교육원은 땀으로 뭉쳐 설립한 곳 입니다.

▶ 교육원을 설립하고 교육과정에서 국내세미나 다녀온 추억의 사진

▶ 실기과목으로 미희킴 교수의 노래지도 12기 입학식

▶ 학기를 마치고 10기 11기 몽골 해외세미나의 추억

한 학기를 마치고 해외세미나 몽골로 현지인들과 함께하며 네트워크 형성도 하고 친분도 쌓는 등 행복지수에 만족하며 왔습니다.

1장

어린 시절과
어머니의 희생

가족과의 나의 어린 시절

어머니의 희생과 그 의미

가족과의 나의 어린 시절

제 어린 시절은 고난과 역경의 연속이었습니다. 외출을 하고 집에 돌아오면 집은 항상 따뜻했습니다. 집은 오래되어 겨울 추위를 막아주기에는 부족했고 배고픔은 있었으나 부모님의 지혜로움으로 웃음은 잃지 않은 행복한 가정으로 만들었습니다.

그럼에도 불구하고, 어머니는 언제나 가족을 위해 희생하시고 매번 밥을 지을 때면, 어머니는 자신이 먹어야 할 쌀의 양을 줄여 모아 논 것으로 장에 내다 팔아 돈을 만들곤 하셨습니다. 그 돈으로 자식들의 필요를 충족시켜 주셨지만, 정작 자신에 배고픔에서는 돌아볼 여지없이 오로지 자식 위해서만 희생하셨고 자신을 위해서는 한 푼도 써보지 못하셨습니다.

어느 날 제가 어머니께 "엄마, 왜 밥을 이렇게 조금 드세요?"라고 물으면, 어머니는 이렇게 대답하셨습니다. "많이 먹으면 소화가 안 돼서 그래. 그래서 조금씩 먹는 거야!" 그 당시에는 정말로 어머니께서 소화를 잘 못 시킨다고 생각했었습니다. 하지만 지금 생각해보면, 조금이라도 자식들에게 더 먹이기 위해 남은 밥을 자신이 아끼며 희생한 어머니의 마음을 느낄 수 있습니다. 어머니의 이러한 언행은 저에게 사랑이 무엇인지, 그리고 희생이 무엇인지를 몸소 가르쳐주신 예입니다.

 경제적으로 어려운 상황 속에서도, 어머니는 우리에게 더 나은 삶의 기회를 주기 위해 교육을 최우선으로 삼으셨습니다. 절대 필요한 것이 아니면 아무것도 사지 않으셨고, 자식들이 공부를 해야 하거나 공부와 관련된 것이 필요하면 머리카락을 잘라서 팔 지언정 자식의 교육을 포기하지 않으셨습니다.

 어머니는 먹고 싶거나 사고 싶은 것이 있어도 자식들을 위해 모든 것을 희생하셨습니다. 몸이 아파서 병원에 가야 했음에도 불구하고, 예전에는 병원에 자주 갈 수 없었고 병명조차 알지 못하는 경우가 많았습니다. 현실적으로 일을 해야 했기 때문에 밤에는 고통에 신음하면서도 낮에는 모든 것을 참고 견뎠던 시절이었습니다.

 자식들이 아플 때면 어머니는 그들을 안고 눈물을 흘리며 기도하셨습니다. 어머니의 품에서 잠들었던 기억이 아직도 생생합니다. 질병은 우리 가족의 삶에 큰 영향을 미쳤습니다. 어렸을 때, 아버지의 건강이 악화되어 잠자리에서 일어나지 못하는 날들이 있었고, 어머니 또한 건강이 좋지 않았지만 그 고통을 드러내지 않으셨습니다. 대신, 어머니의 일상 대부분은 집안일을 하고, 작은 밭을 가꾸며 나가 일하고, 우리를 돌보는 것으로 이루어졌습니다.

그 결과, 어머니의 손은 항상 굳은살이 박이고 햇볕에 그을려 있었습니다. 어머니의 거칠어진 손은 우리에게 정신적인 지주가 되어 주셨습니다. 어머니는 그저 자식을 위한 결단력의 상징이었고, 다시 일어서는 어머니의 모습은 언제나 제게 희망의 등불이 되었습니다.

어머니의 희생과 그 의미

막내딸로 자라면서 제 삶은 어머니의 끊임없는 희생과 헌신에 깊이 영향을 받았습니다. 어머니의 회복력과 굴하지 않는 정신은 제 삶을 형성하는 데 중요한 기반이 되었고, 오늘날까지도 저의 가치관과 원동력이 되어주고 있습니다.

어머니는 늘 몸이 약하셨지만, 그 내면에는 누구보다 강한 의지가 있었습니다. 어머니는 우리 가족의 기둥이었고, 자신의 건강 문제가 있음에도 불구하고 새벽부터 해가 질 때까지 가족을 돌보느라 쉬지 않고 일하셨습니다. 자신의 모든 행동에는 사랑과 결단력이 가득했습니다.

어머니가 항상 자신의 배고픔을 숨기고 우리를 먼저 챙기셨다는 사실을 깨달았을 때 마음이 아팠습니다. 어머니는 늘 "나는 배부르다"라고 말씀하시며, 자식들이 배불리 먹을 수 있도록 먼저 챙기셨습니다. 비록 우리집의 식사는 늘 소박했지만, 그 속에는 어머니의 따뜻한 사랑이 가득했습니다.

어려운 경제적 상황 속에서도, 어머니는 교육의 가치를 매우 중요하게 생각하셨습니다. 어머니는 교육이 더 나은 미래로 가는 열쇠라고 믿으셨고, 우리가 배울 수 있는 기회를 제공하기 위해 모든 노력을 다하셨습니다.

 밤늦게 낡은 아버지의 바지 저고리를 기워주시던 어머니의 모습이 기억납니다. 어머니는 손으로 베를 짜서 모시 적삼을 만드셨고, 새벽이 오기 전에 간단한 아침을 준비해주시고는 저를 학교에 갈수 있도록 챙겨 주셨습니다. 비록 어머니는 발걸음이 느리셨지만, 늘 저에게 학업에 집중할 수 있도록 마음으로 격려해주셨습니다.

 아직까지 기억에 남는 어느 겨울이 있습니다. 그 겨울은 유난히 길었고 추웠으며, 우리를 따뜻하게 해줄 것이 거의 없었습니다. 어머니는 자식들에게 마음으로 추위를 이길수 있도록 동화속의 이야기 같은 이야기로 우리들에게 가족간의 우애를 가르쳐주신 얘기로 정신적인 안도의 전율이 흐르듯 정신적인 지주가 되어 주셨습니다.

 어머니는 우리의 잠자리는 따뜻하게 마음으로 채워주시고, 자신의 몸으로 우리를 껴안으며 체온을 나눠주셨습니다. 그리고 형제자매들 간의 우애를 강조하시며, 서로에게 잘해주어야 한다고 마치 자장가처럼 말씀하셨습니다.

 어머니는 조용한 강인함으로 모든 도전에 맞서셨고, 항상 희망과 결단력을 잃지 않으셨습니다. 살아오면서 어머니는 저에게 회복력이라는 것이 단순히 고통을 견디는 것이 아니라, 역경 앞에서 강인함을 찾는 것이라는 사실을 가르쳐주셨습니다. 어머니의 희생은 저에게 근면, 인내, 그리고 가족을 향한 변함없는 사랑의 가치를 깊이 심어주셨습니다.

나이가 들수록 어머니의 희생이 얼마나 큰 것이었는지를 더욱 깨닫게 되었습니다. 어머니는 우리를 위해 많은 것을 포기하셨고, 항상 자신의 시간을 희생하면서도 우리의 필요를 우선으로 하셨습니다. 어머니의 이타심은 제가 꿈을 이루는 데 있어서 가장 큰 원동력이 되었습니다.

어머니의 희생은 저에게 더 나은 삶을 추구할 동기를 제공해 주었습니다. 어머니는 나 자신을 위한 것뿐만 아니라 다른 사람들을 위한 것이기도 했습니다. 어머니의 변함없는 사랑이 오늘날 저를 형성해주었고, 매일매일 저에게 영감을 주고 훈련으로 시켜주시고 사람을 용서하는 마음과 공감과 통찰력을 가르쳐 주셨습니다.

또한 어머니는 저에게 진정한 회복력이 사랑과 희생에서 비롯된다는 것을 보여주셨으며, 이러한 가치들은 가장 어두운 시기에도 빛날 수 있다는 것을 증명해 주셨습니다.

어머니는 말이 아닌 행동으로 사랑과 희생의 조용한 실천에서 가장 큰 힘이 나온다는 것을 보여주셨습니다. 어머니의 삶은 회복력과 가족 간의 끈끈한 유대의 힘을 증명하는 증거였습니다. 어머니의 희생은 결코 헛되지 않았습니다. 그 희생이 제 어린 시절부터 인생의 여정의 길을 닦아 주었고, 제가 마주한 어떤 도전에도 맞설 수 있는 힘과 결단력을 주셨습니다.

어머니의 희생을 돌아볼 때마다, 그 희생이 지닌 더 넓은 의미를 되새기게 됩니다. 그리고 오늘날 젊은이들과 그들의 부모가 바라보는 희생의 의미와 어떻게 비교될 수 있을지 궁금해집니다.

그러한 어머니의 희생은 우리 가족의 일상생활에 깊이 뿌리내려 있었습니다. 어머니의 모든 행동은 한결같은 사랑과 헌신을 증명하는 것이었습니다. 어머니의 삶은 끊임없는 고난의 연속이었지만, 언제나 우아함과 강인함으로 그 고난에 맞서셨습니다.

어머니는 저에게 진정한 희생이란 거창한 행동이 아니라, 조용하고 일상적인 사랑과 헌신의 실천임을 가르쳐주셨습니다. 어머니의 삶은 겉으로 드러나는 큰 제스처가 아니라, 매일의 작은 행동들 속에서 진정한 사랑과 희생이 무엇인지를 보여준 본보기였습니다.

젊어서 억만장자가 된 빌 게이츠처럼 유명인은 아니었지만 우리 어머니는 우리 5남매에게 사람은 사람다워야 한다는 말씀으로 저녁이면 자장가처럼 들려 주시기도 하였습니다. 제가 결혼해서 살면서 엄마가 되어 보니 저녁마다 아이들을 재우면서 이야기 해주는 게 정말 쉽지 않던데 우리 어머니는 당신의 삶은 없이 우리 자식들만을 위한 삶을 사셨던 것을 우리는 충분히 알 수 있었습니다. 그런 희생과 봉사가 우리에게 깊은 내공으로 강하게 내재되어 있을 수 있다고 생각합니다.

오늘날의 빠르게 변화하는 세상에서 희생의 개념은 다양한 방식으로 해석될 수 있습니다. 많은 젊은 이들은 자기 자신을 위한 희생을 중요시합니다. 열심히 공부하거나 오랜 시간 일하면서 여가 시간을 포기하고 목표를 달성하기 위한 노력을 기울이는 것이 그 예입니다. 물론, 이러한 희생은 헌신과 인내를 보여주며 매우 중요합니다.

반면, 부모님 세대, 특히 저희 어머니의 희생은 본질적으로 다른 차원에 있었습니다. 그들의 희생은 가족의 행복을 위한 것이었으며, 자신의 꿈과 욕망을 뒤로하고 자녀들에게 더 나은 미래를 만들어 주기 위해 헌신하셨습니다. 어머니는 자신의 건강, 안락함, 어머니의 삶 모두를 5남매에게 다 주셨습니다. 어머니의 희생은 자녀들의 생존과 번영을 위한 것이었으며, 이를 통해 저는 가족의 희생이 개인을 넘어서 공동체를 향한 사랑과 헌신을 반영하는 것임을 깨닫게 되었습니다.

이러한 이타심은 우리나라 많은 부모들의 삶에서 공통적으로 나타나는 현상입니다. 어려운 상황 속에서도 가족을 부양하기 위해 끊임없이 일하며, 자신의 꿈보다 자녀들의 필요를 우선으로 여겼습니다. 이와 같은 희생은 우리 문화 속에서 깊이 자리 잡고 있으며, 가족의 필요가 개인의 필요보다 더 중요한 것으로 간주되는 구조입니다.

그러므로 우리는 가족의 구성원이 있어야 한다고 생각합니다. 구성원이 있으면 그에 대한 행복이 혼자 살 때의 행복보다 더욱 귀함을 느낄 수 있습니다.

어머니의 희생은 우리 성공의 길을 열어주었고, 우리가 상상할 수 없었던 꿈을 이루며 위치에 오를 수 있게 해주었습니다. 부모님의 희생을 되돌아볼 때, 그 헌신이 얼마나 깊고 중요한지 인정하고 존중하는 것이 매우 중요합니다. 그들의 희생은 단순히 물질적 지원에 국한되지 않았습니다. 우리 잠재력을 키우고, 우리 성격을 형성하며, 가족의 중요성, 사랑의 힘, 그리고 회복력의 가치를 가르쳐 주었습니다. 이것이 바로 부모님이 남겨주신 진정한 유산입니다.

오늘날 사회에서 젊은 세대는 이전 세대의 희생을 이해하고 감사하는 마음을 가지는 것이 필요합니다. 희생의 형태는 시간이 지나면서 변화할 수 있지만, 이타심과 헌신의 기본 원칙은 언제나 중요한 가치로 남을 것입니다. 우리는 부모님이 보여주신 희생정신을 잊지 않고, 우리 스스로의 목표와 꿈을 이루는 과정에서도 그 정신을 이어가야 합니다. 또한, 개인적인 야망과 사랑하는 사람들의 복지에 대한 헌신 사이의 균형을 유지하는 것이 중요합니다.

2장

경력의 시작과 성장

아들의 고등학교 시절 : 어머니의 반성과 후회 /

군무원 시절 : 공감과 지혜 /

가족이 힘들 때 함께 해주면 - 후회와 미련 /

마음의 힘 (한가족의 마음의 힘. 노력. 웅집. 결집. 결심) /

가족의 중요성 : 인생의 중요한 전환점에서 얻는 교훈 /

가정을 돌이켜 보았을 때 / 자식에 대한 응원과 지지 /

새로운 도전 : 박사과정 입학의 여정 /

애경사 사건과 은퇴식 (가족의 갈등 회복) /

가족에 대한 성찰 / 가족의 이해 /

가족의 공감과 소통의 역할 / 어려운 시기를 극복하는 방법 /

가족의 공감과 화합의 원동력 / 가족의 의사소통과 공감의 힘

아들의 고등학교 시절 : 어머니의 반성과 후회

　자녀가 사춘기에 접어들며 급격한 변화를 보일 때, 부모는 아이가 많이 성장했다고 느끼며 자랑스러워하기도 하지만, 이 시기에는 자녀와 부모 간의 관계가 변화하며 소통이 쉽지 않은 경우가 많습니다. 그동안 무한히 귀여웠던 아이의 변화, 부모의 말을 잘 듣던 아이가 반항하고, 자기주장이 강해지며, 때로는 생존을 위한 치열한 경쟁을 하는 모습을 보게 됩니다. 이때, 자녀에게 충분한 시간을 주고 소통하는 것이 중요합니다. 그러나 그보다 더 중요한 것은 올바른 소통방식과 솔직한 대화입니다.

　부모들은 자녀가 자신의 말을 들어야 한다고 말하지만, 지혜로운 부모는 작은 일이라도 자녀를 인정하고 칭찬하는 것을 아끼지 않습니다. 제 삶에서 가장 힘든 시기 중 하나는 제 큰아들이 고등학교에 다니던 때였습니다.

　저는 공무원으로 일하는 시기에 자격증을 하나라도 더 취득해야 한다는 생각으로 엄마의 역할을 충분히 못해 큰 아들 작은아들 둘인데 마음으로 늘 엄마를 기다리는 나이에 두 아들을 둔 어린 시기였습니다. 그 당시는 자격증을 하나라도 더 취득에게만 열정적인 생각으로 자아발전에만 보고 남편이나 자식들을 생각을 못하고 지나는 나에 젊은 삶을 나이가 먹어서 아들이 군에 입대했을 때 알게 되었습니다. 깨달을때는 이미 군에 가있었기에 어떻게도 해줄 수 없는 시기였습니다. 기회는 매번오는 것이 아니고 분주하게 살다보면 기회가 기회인지를 모르고 지나치는 경우가 많이 있습니다. 열심히 하는 것은 좋지만 한숨돌리는 숨고르기 하는 시간을 가질수있으면 시간을 활용해보세요

 어느 날, 아들과 저는 신경전을 하게 되었습니다. 큰 아들이 초등학교 때는 제 근무지가 육군 사관 학교였습니다. 나는 육군 사관 생도들을 보면서 우리 아들도 육군 사관 생도가 되기를 바라는 마음으로 가득찼습니다. 그래서 아들을 공부 시켜야겠다고 생각했지만 아들은 생각이 없었습니다. 아들이 공부할 수 있는 환경과 여건도 되지 않았습니다.

 아들은 유치부 때부터 태권도부에 다녔습니다. 유치부를 졸업하고 초등학교를 졸업할 무렵 중학교에서 태권도 선수부로 활동하면서 국기원 선수부로도 활동했습니다. 초등학생 때 부터 해 온 실력으로, 누구 못지 않게 잘 한다고 인정받고 활동했는데 중학교에서 잠시 태권도부가 해체되는 시기가 있었습니다.

 그 후 일반학교로 오면서 성적이 뒤떨어지게 되자 큰아들은

학교생활이 부담이 되었습니다. 저는 그런 아들의 속마음을 모르고 있었습니다. 그때 저희 어머니가 저에게 해주신 것의 반의 반이라도 해주었더라면, 이제와서 보상할 수 있다면 무엇이든 하고 싶은 생각입니다. 그러나 아들은 그때의 생각이 늘 마음 속에 있었겠지만 엄마인 나에게 그에 대한 불평 한 번 하지 않았습니다.

 그 이후 투정은 했지만 공부에 대해 교육을 해야 한다는 생각은 해보지 못한 것에 후회합니다. 현명한 엄마가 되지 못한 게 지금은 후회 되지만 많은 생각에 반성을 하고 있습니다. 그러나 지금 현실이 나만 그런 상황은 아닐 것입니다. 직장생활하는 사람은 직장에서 필요한 자격증을 취득한 자만이 진급, 승진이 유익하니 시간이 날 때마다 필요한 자격증 취득이 간절하게 됩니다.

 이제 아들은 엄마를 보호해 주는 어른이 되었습니다. 청소년 시기에는 잠시 힘든 시기도 있었지만 잘 커 주어서 엄마가 하고 싶은 공부를 한 것 같습니다. 아이들이 청소년 때처럼 계속 철없는 생활을 지속하지는 않아 지금은 어엿한 사업가가 되었습니다.

 사춘기 자녀를 둔 어머님들은 사춘기 때 많이 힘들어서 원망도 하고 앞이 안 보일 만큼 힘들겠지만 일 순간 입니다. 기다려

주고 자녀를 인정 해주고 응원해주는 것만이 최고의 부모의 역할입니다. 자녀는 부모님께 잘 했다라는 칭찬으로 먹고 산다고 봐도 과언이 아니다는 생각을 하시면 됩니다.

 어떤 부모는 자녀에게 네가 뭘 아냐며 자녀의 기를 죽이는 경우도 간혹 보게 됩니다. 가족이 화목하려면 가족 간에 용서와 공감, 소통이 기본입니다. 아직까지 저는 '아드님' 이라고 부릅니다. 사춘기 때 엄마가 있어야 할 시간에 함께 하지 못하고 아이들만 두고 다녔던 것이 너무도 미안한 마음에 속죄하는 마음에서 '아드님 식사는 하셨나요?' 라고 아들을 존중해주는 방향으로 언어를 사용하며 관계를 맺고 있습니다.

 엄마는 잘 모른다는 표현으로 알아도 모른 척 해주며 모든 기회는 아들에게 주면서 '아들이 최고다'가 아이들에게는 힘과 용기를 주는 제일 효과적인 방법입니다. 잘한 게 없는데 어떻게 그런 얘기가 나올까요? 라고 생각하시겠지만 그것이 잘 할 수 있는 지름길입니다. 청소년 시기의 자녀가 잘 되어야 엄마도 엄마의 직장에서 실력을 발휘할 수 있고 살림도 잘할 수 있으며 부부간의 사이도 좋은 관계로 유지할 수 있습니다.

 어느 날, 아들에게 입영 통지서가 도착했고, 아들은 입대를 1년 연기하겠다고 했습니다. 저는 속으로 아들이 군대에 갈 바랐지만, 그 기대는 또 한 번 무너졌습니다. 그러나 저는 아무 말도 하지 않고 그 아픔을 마음 깊이 삼켰습니다.

 그렇게 시간이 흐르던 어느 날, 퇴근하고 집에 돌아왔는데 아들이, "엄마, 저 군대에 가려고요"라고 말을 꺼냈습니다. 그때 느꼈던 안도감과 기쁨은 아직도 생생하게 기억납니다. 시간이 흘러 입대 날이 다가왔고, 아들은 마침내 군대에 입대했습니다. 아들은 짧은 반바지와 버려도 될 옷만 입고 집을 떠났습니다.

 아들을 논산 훈련소에 데려다 주고 돌아오는 길, 차 안에서 참았던 눈물이 터져 나왔습니다. '왜 아들이 군대에 가서 행복하다고 했을까, 왜 나를 위해 그렇게 힘든 시간을 보냈을까, 왜 나라를 지키러 떠나는 아들을 보내며 이렇게 많은 눈물을 흘리게 되었을까.' 돌아오는 길 내내 눈물이 멈추지 않았습니다.

 돌아보면, 결국 제 아들이 그렇게 힘든 시간을 보낸 것은 저의 책임이었습니다. 이 생각에 끝없이 눈물이 흘렀고, 이는 아들에 대한 제 반성의 눈물이라고 생각합니다. 저는 학업과 성공에 대한 열망에 너무 몰두한 나머지, 가족의 중요성을 깨닫지 못하고 아들이 얼마나 힘들어하고 부모의 사랑을 갈망했는지 이해하지 못했습니다.

 제 자격증은 모두 20여 개를 취득 했지만 그 당시는 자격증이 있어야 노후에 살아 남을 수 있다는 생각에 아들의 깊은 마음을 헤아리지 못한 것에 후회합니다. 그래서 옛날 어르신들의 하나 얻으면 두 개 잃는다는 말씀이 저에게는 큰 울림입니다.

 아들이 군에 입대하고 논산 훈련소에서 그의 지난 삶을 되돌아보았을 때, 아들의 마음을 제대로 이해하지 못한 것에 대해 후회했고, 그 생각만으로도 가슴이 아팠습니다. 왜 아들의 마음을 이해하지 못했는지 생각할수록 눈물이 더 많이 났습니다. 아들은 자신이 입었던 옷을 소포로 보내면 어머니가 울 것이라고 생각했고, 그 동안의 미안한 마음을 어머니에게 전하며 논산 훈련소에서부터 계속 눈물을 흘리고 왔습니다.

 저는 아들이 보내온 옷을 받는 날이 올 것이라고 생각했는데, 시간이 지나 마침내 기다리던 편지와 함께 아들이 보낸 옷을 받았을 때, 비로소 이 모든 일에 대해 깊이 반성하게 되었습니다.

 사람에게는 승진과 성공이 중요할 때가 있습니다. 하지만 저는 자녀 교육이 무엇보다 우선이라는 사실을 깨달았습니다. 가족이 소통과 공감으로 이루어진다면 서로를 이해할 수 있지만, 그렇지 않으면 가족끼리 오해하고 원망하는 일이 생기기도 합니다.

그 당시 저도 가족과의 소통 부족으로 갈등을 겪었고, 그 문제의 시작이 저에게 있었음을 깨닫지 못했습니다. 그런 일들을 겪으면서 뒤늦게 아들과 공감하지 못한 제 자신을 반성하게 되었고, 어머니들이 자녀의 진정한 감정을 얼마나 이해하지 못하는지를 인정하게 되었습니다. 이제 저는 가족과의 소통이 얼마나 중요한지 깨닫게 되었습니다. 이러한 경험에 의해서 직장생활 하면서 자녀 문제로 힘든 가족을 위해 사회에서 평생교육원에서 힘이 되어 준다면 부모님들은 사회생활을 더욱 활력있게 할수 있지 않을까라고 생각합니다.

 저의 경험을 통해, 아들이 힘들어할 때 기다려 주고 다른 일들을 하며 지켜봐 주는 것이 중요하다는 것을 알았습니다. 자녀가 공부하며 온라인과 오프라인에서 여러 가지에 관심을 가지면, 자녀는 부모보다 더 많은 것을 생각하게 되고 자신의 진로를 고민하기 시작합니다.

 부모가 열심히 노력하면 자녀도 그 모습을 보고 배우기 마련입니다. 부모가 공부에 몰두하는 모습을 보여주면 자녀는 부모를 통해 자신의 길을 찾을 수 있다는 것을 알았으면 합니다.

 자녀와의 소통이 부족하다고 느낀다면, 지금 바로 확인해 보십시오. 문제의 시작을 깨닫는 순간, 가족과의 관계는 변화할 것입니다. 가족은 기다려 주고 인정하고 지지해주면서 부모의 역할을 포기하지 말고 꾸준히 부모님 자리 지켜주심이 자식에 대한 사랑이며 응원입니다.

군무원 시절: 공감과 지혜

33년간의 근무 후 명예 퇴직 - 추억의 사진은 은퇴

33년간의 군무원 생활을 돌아보면, 깊은 성취감과 감사의 마음이 가득합니다. 길고 힘든 여정이었지만, 그 과정에서 리더십, 공감, 그리고 대인 관계에서 목표를 이루는 데 있어 귀중한 교훈을 배울 수 있었습니다.

하지만 모든 순간이 칭찬과 만족으로 가득했던 것은 아닙니다. 특히 동료들과의 관계에서 질투나 오해가 생길 때 느꼈던 갈등의 기억이 생생합니다.

직장생활에서 아무리 힘들어도 퇴직하고 나오면서 생각 해보면 회사 다닐 때가 좋았다는 것을 느낄 수 있습니다. 조금만 기다려 보면 아무리 힘든 일도 서서히 힘든 것도 어느새 사라지게 됩니다. 아무리 힘들고 분노하는 일도 시간이 해결해 준다는 것과 용서하는 마음으로 사이를 돈독하게 해보시면 더욱 직장생활이 즐거운 행복을 찾아 갈 것 이라고 생각합니다.

 천천히, 확실하게, 지속적인 친절과 열린 대화를 통해 인간관계 다시 회복할 수 있었습니다. 저는 때로는 진정한 공감이 그저 그 자리에 있는 것임을 배웠습니다. 상처받거나 오해받았을 때 조차도, 작은 친절을 베푸는 것이야말로 가장 큰 공감의 표현이 될 수 있습니다.

 이 경험은 제가 깊이 믿게 된 한 가지는 끝임 없이 공부하는 겁니다. 더욱 확고한 것은 우리는 남편과 아내는 늘 공감과 소통하면서 자녀와의 관계도 직장 동료하고 의 관계도 좋아질 수 있습니다. 남편은 사실 아내가 키운다고 봐도 과언이 아닙니다. 또한 아내도 남편하나 보고 시집을 오기 때문에 서로를 위해 주는 것이 직장에서 최선을 다해 자기 실력을 낼 수 있는 동기를 부여해 줍니다.

 그것은 바로 관계, 개인적이든 직업적이든 간에, 지속적인 보살핌이 필요하다는 것입니다. 소통 없이는 가장 강력한 유대도 약해질 수 있습니다. 때때로 공감하는 것이 어렵지만, 갈등을 해결하고 더 깊은 관계를 쌓는 데 필수적이라는 사실을 깨달았습니다. 공감이란 단순히 누군가의 감정을 이해하는 것이 아닙니다. 불편하더라도 적극적으로 참여하고 행동하는 것입니다.

진정한 리더십은 겸손함과, 내가 잘못했을 때 이를 인정할 수 있는 용기를 포함합니다.

명예롭게 은퇴한 것은 제 커리어의 정점일 뿐만 아니라, 제가 그동안 배워온 모든 교훈의 정수가 되었습니다. 이제 성공의 진정한 척도는 단순히 찬사나 보너스에 있는 것이 아니라, 당신이 쌓아온 관계들, 당신이 일으켜 세운 사람들, 그리고 매 순간에서 얻은 지혜에 있다는 것을 깨닫습니다. 군무원과 민간인의 삶을 통해 공감, 친절, 그리고 겸손이야말로 잘 살아가는 삶의 초석이라는 것을 배웠으며, 미래 세대에게 전해주고 싶은 메시지입니다.

가족이 힘들 때 함께 해주면 - 후회와 미련

시동생의 마지막 날들을 떠올리면, 그 힘든 시간 동안 우리를 둘러싸고 있던 후회와 죄책감이 밀려옵니다. 시동생이 암 진단을 받았을 때, 제 마음속 일부는 인생에 대한 좌절감으로 가득 찼습니다. 저는 시동생과 가까웠고, 그의 아픔이 가족의 아픔이었습니다. 그가 암으로 생을 마감할 수 있다는 생각은 견딜 수 없을 정도로 고통스러웠습니다.

시동생은 수술 후에 우리 집으로 오고 싶어했습니다. 그래서 시동생이 빠른 시간에 회복되기를 원하는 마음으로 모셔와 집에서 요양하기 시작했습니다. 그러나 문화차이로 환경에서의 갈등은 있었으나 가정집이지 병원이 아니기에 서로 이해하고 감당할 수 있었습니다. 이러한 것들은 가족만이 견뎌 낼 수 있는 마음에 사랑과 희생이라는 생각이었습니다.

시동생의 딸이 아빠를 간호한다고 큰엄마 집인 저희 집에 왔습니다. 그리고 아빠를 돌보기 시작했습니다. 물론 우리 가족도 나름대로 최선을 다해 돌 봐 주었습니다. 그러나 요양할 수 있는 공간은 제공해 줄 수가 있었지만 아픈 통증을 대신 해 줄 수 있는 것은 아무것도 없었습니다.

아산병원응급실을 자주 왔다 갔다 하면서 어느 날은 시동생의 상태가 악화하자 퇴원하는데 집으로 올 수가 없는 상태임을 암시라도 해주는 듯 동부시립병원 호스피스로 옮기는 순간 간이침대에서 "형". "형수" 하며 큰소리로 "나야 나 여기 있어" 하고 소리를 지르는 엘리베이터에서 층수를 누르고 기다리는데, "나 형님 집으로 갈 거야, 병원은 안 갈 거야. 형~ 형 ~~" 하며 외치는데 우리는 어떻게 할 수 없었습니다.

저는 엘리베이터 자동문이 닫히면서 시동생은 병실에 도착하여 그곳에 머물고 싶지 않다고 주장하던 시동생의 마지막 날을 결코 잊지 못할 것입니다. "집에 가고 싶어요." 시동생이 말했다. 그의 목소리는 여전히 간절히 말했습니다. 그러나 병실로 옮겨지자 이미 자신의 운명에 준비라도 하듯 침묵을 지키고 포기한 듯, 조용하게 가족들을 바라보았습니다.

병원에서 호스피스 병동으로 옮긴 것은 더는 호전하기가 쉽지 않다고 생각했던 것 같았습니다. 밑에서 "형. 형수" 했던 사람이 갑자기 말도 안 하고 먹지도 못하고 그러던 시간에 하루 이틀 가면서 우리 가족들은 시동생의 마음을 깨닫게 되었습니다.

나보다 죽음을 더 많이 본 남편은 동생이 떠나는 동안 손을 잡고 위로해 달라고 나에게 권했습니다. 그러나 저는 망설였습니다. 두려움과 후회가 저는 가로막았고, 저는 작별 인사를 몇 마디밖에 할 수 없었습니다.

"최선을 다했어요, 삼촌. 이제 걱정하시지 말고 편안하게 쉬세요." 최선을 다했습니다. 그의 삶이 마감해 가는 동안, 나는 그의 마지막 순간에 내가 그를 위로하기 위해 할 수 있는 모든 일을 다 하지 못했다는 사실을 알게 되었습니다.

그 후 며칠 동안 저는 후회로 가득 찬 그 순간들을 마음속으로 계속해서 되새겼습니다. 저는 병원은 싫다고 했을 때 병실로 가야했던 때의 상황이 늘 가슴이 저려옵니다. 그 때의 생각만해도 두려움이 내 행동을 좌우하게 했던 때를 생각하곤합니다. 슬픔에도 불구하고 저를 지지해 준 남편의 이해심 그리고 무엇보다도 조용한 방식으로 나에게 가족, 사랑, 그리고 떠나야 하는 것의 가치를 가르쳐 준 시동생에게 아쉬움만 있습니다.

마음의 힘
(한가족의 마음의 힘. 노력. 웅집. 결집. 결심)

제 여정을 통해 정신적 강인함의 필요성을 깊이 깨닫게 되었습니다. 마음의 힘은 단순한 개념이 아니라, 삶의 수많은 도전을 헤쳐 나가는 데 필수적인 생명선이었습니다.

어머니는 동양 철학자들의 가르침, 특히 유교 사상가 공자의 가르침을 체화하신 분이었습니다. 공자는 내면의 덕과 회복력을 기르는 것이 중요하며, 자기 절제와 도덕적 정직을 통해 형성된 강한 인격이 인생의 도전에 맞설 수 있다고 가르쳤습니다.

대학원에서 서양의 심리학 이론을 접하면서 이러한 정신적 회복력의 영적 의미를 더욱 깨달을 수 있었습니다. 홀로코스트 생존자이자 저명한 심리학자인 빅터 프랭클의 연구는 저에게 깊은 영향을 주었습니다. 프랭클의 "비극적 낙관주의"라는 개념, 즉 인생의 비극 속에서도 희망을 유지하고 의미를 찾는 능력은 제 경험과 깊이 맞닿아 있었습니다. 프랭클은 고통 속에서도 의미를 찾는 것이 인간의 삶을 더 풍요롭게 만들 수 있다고 믿었고, 그의 이러한 가르침은 제가 어려운 상황 속에서도 희망을 잃지 않고 더 나은 삶을 추구하는 데 큰 영감을 주었습니다.

저희 어머니의 가르침과 서양의 심리학 이론이 결합되어, 저는 정신적 회복력이 개인적인 삶에서 뿐만 아니라, 사회와 가정, 그리고 모든 인간 관계에서 얼마나 중요한 역할을 하는지 더 잘 이해하게 되었습니다. 인생에 삶은 가족에서부터 시작합니다. 엄마 아빠부터 배워가는 어린 시절에서의 부모님의 교육에서부터 시작한 것 만큼의 가족에 둥지에서 실패도 치유받고 피로도 회복하는 안식처는 꼭 있어야 합니다.

프랭클린은 고통 속에서 목적을 찾고 그것을 힘의 원천으로 변환할 수 있는 능력이 정신적 강인함에서 나온다고 주장했습니다. 정신적 강인함을 키우는 과정은 정신적, 감정적 회복력을 모두 개발하는 것을 포함합니다. 이는 강한 자기 인식과 감성 지능을 기르는 것을 의미합니다.

서양 심리학도 정신적 회복력을 구축하는 데 있어 중요한 통찰을 제공합니다. 예를 들어, 인지 행동 기법은 개인이 부정적인 사고 패턴을 재구성하고 삶에 대해 더 긍정적인 관점을 개발하는 데 도움을 줍니다. 심리학자 캐롤 드웩 (Carol Dweck)의 '성장 사고방식' 개념은 능력과 지능이 헌신과 노력을 통해 발전할 수 있다는 믿음을 통해 정신적 강인함을 키우는 데 도움을 줍니다. 이 마인드셋은 도전을 넘을 수 없는 장애물이 아닌 성장의 기회로 보게 만들어줍니다.

이러한 철학과 기법을 삶에 통합하는 것은 우리의 정신적 회복력을 크게 향상시킬 수 있습니다. 정기적인 자기 성찰을 하고, 자신의 강점과 약점을 이해하며, 자신에게 맞는 대처 전략을 개발하는 것이 중요합니다. 여기에는 일기 쓰기, 사랑하는 사람에게서 지지를 받기, 또는 기쁨과 충만함을 주는 활동에 참여하는 것이 포함될 수 있습니다.

정신의 힘은 우리가 삶의 도전에 직면하는 능력을 형성하는 중요한 힘입니다. 동양과 서양의 철학을 결합하여 정신적 회복력을 길러 나가면 인내하고, 극복하며, 번영할 수 있는 힘을 키울 수 있습니다. 저의 여정은 정신적 강인함이 타고나는 것이 아니라 부모님의 슬하에서 배운 도덕과 윤리에서 희생과 봉사에서 발생한 자긍심에서 얻어지는 내공이라고 생각합니다. 이러한 정신적 회복력은 저뿐만 아니라 다른 사람들도 삶의 도전을 극복하고 더욱 강해지도록 도왔습니다.

가족의 중요성
: 인생의 중요한 전환점에서 얻는 교훈

가족은 언제나 제 삶의 초석이었고, 삶의 복잡함을 헤쳐나가는 데 필요한 지지, 사랑, 그리고 회복력을 제공해 주었습니다. 두 가지 중요한 사건, 공직에 있을 때 중요한 행사에 참석하지 못했던 일과 은퇴식에서 가족을 초청한 경험은 가족의 중요성을 깊이 깨닫게 해주었습니다.

은퇴식에서 저는 많은 사람들 앞에서 명예로운 은퇴를 자랑스럽게 선언했고, 그동안의 고난과 어려움이 한순간에 스쳐 지나갔습니다. 이 명예로운 자리에서 저는 모든 고난을 잊었고, 제가 몸 담았던 회사가 저에게 얼마나 명예로운 회사였는지를 다시 한 번 깨달으며, 은퇴식에서 더 많은 일을 못한 일들에 대해 눈물을 흘렸습니다. 많은 후회가 순식간에 스쳐가며, 더 잘하고 더 했어야 했다는 생각이 들었습니다.

특히 존경하는 건웅 토목건설 대표이사 이상춘 회장님은 우리 서울미래지식평생교육원에 발전기금으로 기여를 해주셨고 제가 공직에서 33년을 일하고, 그 이후 교육 분야에서 10년간 일을 했어도 경험 부족한 저를 이끌어주셔서 큰 힘이 되었습니다.

〈건웅토건 이상춘 대표님〉

이러한 경험을 바탕으로 서울 미래지식평생교육원이 탄생하였습니다. 저를 많이 도와주신 분입니다. 저는 그분과 함께 인천에서 서울대학교 입구까지 차를 타고 가던 중 우연히 지갑을 승용차 지붕에 놓고 나와 돈을 도로에 떨어뜨리는 해프닝을 겪었습니다. 차 안에서 그 사실을 모른 채 가고 있었는데, 어디선가 지갑을 주웠다는 연락을 받았습니다. 전화 통화 중에도 차분하게 말씀하시는 회장님을 보며 정말 존경스러운 분이라고 느꼈습니다.

이러한 경험들과 회장님의 말씀을 통해 저는 서울 미래지식평생교육원을 운영하는 데 더 큰 힘을 얻게 되었습니다. 회장님을 통해 저는 감정을 더 잘 관리하는 방법을 배워야겠다는 생각이 들었습니다.

화가 났을 때는 자신의 입장만 생각하지 말고, 상대방의 입장을 이해하려고 노력하는 것이 중요합니다. 상대방이 어떤 상황에 처해 있으며, 어떤 어려움을 겪고 있을지를 생각해본다면, 감정적으로 반응하는 대신 더 차분하게 대응할 수 있습니다.

꾸준한 연습을 통해 스트레스를 받는 상황에서도 더 침착하게 대처할 수 있으며, 사람들과 더 깊은 관계를 구축할 수 있습니다. 상대방이 믿을 수 있는 사람이라고 느껴질 때, 대화는 더욱 원활하고 자연스럽게 이루어집니다.

이러한 방법을 통해 감정적으로 더 성숙해지고, 상황에 따라 유연하게 반응하는 능력을 개발하는 것이 중요합니다.

교육 분야는 항상 새로운 도전 과제가 존재했으며, 변화하는 교육 환경과 학생들의 다양한 요구에 대응하기 위해 지속적인 학습과 혁신이 필요했습니다. 그 결과 리더십과 협업 능력이 중요하다는 것을 느꼈고, 이에 도전했습니다.

특히 코로나19로 인한 어려움을 극복하고 교육부에서 성장과 발전을 이루기 위해 노력했습니다. 이러한 경험을 바탕으로 각 가족 사업의 절대적인 성격과 목표에 기반을 둔 삶을 배우고 살아가는 자신감을 얻게 되었습니다.

자녀 양육은 인생에서 가장 도전적이면서도 보람 있는 경험 중 하나이지만, 때로는 깊은 갈등과 가슴 아픈 순간이 따릅니다. 엄마로서 저는 아이들의 필요와 제 꿈을 조화시키기 위해 이러한 순간들과 직면했고, 때로는 그 균형을 유지하는 것이 매우 어려웠습니다. 그러나 어려움은 지나가는 폭풍처럼 스쳐 지나가고, 위기가 기회로 바뀔 수도 있습니다.

덧붙여서, 서울 미래지식평생교육원에서 교육을 받는 학생들과 대화를 나눌 때, 제가 가끔 농담 삼아 "애국하려면 결혼을 해야 한다"고 말하곤 합니다. 이는 수업 중에 웃음을 주는 말이지만, 동시에 깊이 있는 메시지를 담고 있습니다. 사람들과 만날 기회가 있을 때마다 이러한 이야기를 강조하며, 가족을 꾸리고 자녀를 양육하는 것이 개인의 행복 뿐만 아니라 사회 전체에 긍정적인 영향을 미칠 수 있다고 생각합니다.

가정을 돌이켜 보았을 때

큰아들은 초등학교 때 태권도에 대한 열정을 발견했습니다. 아들은 태권도에 전념했고, 자연스러운 재능까지 있어 저를 자랑스럽게 했습니다. 하지만 제 마음속에서는 늘 아들이 육군사관학교에 진학해 안정된 미래를 보장받길 바랐습니다.

중학교에 들어가면서 아들의 태권도에 대한 집중은 더 강해졌지만, 학업은 점점 뒤처지기 시작했습니다. 저는 '성적이 뒤떨어지면 육군사관학교에 어떻게 들어가겠니?'라는 생각에 사로잡혔습니다. 아들의 열정을 응원하고 싶었지만, 제 마음속에는 아들의 미래를 희생시키고 있다는 두려움을 떨칠 수 없었습니다. "공부에 집중해야 한다"며 아들에게 이야기했지만, 아들은 "엄마, 이게 내가 좋아하는 일이에요"라며 결연한 눈빛으로 저를 바라봤습니다.

그러던 중 학교의 태권도부가 갑자기 해체되었고, 아들은 태권도부를 떠나게 되어 보통 학생으로 돌아가야 했습니다. 그 당시 아들이 얼마나 힘들었는지 다 알지 못했습니다. 아들은 태권도에 대한 열정이 컸고 큰 기대를 품고 있었지만, 저는 아들의 마음을 온전히 이해하지 못해 큰 후회를 하며 가슴이 찢어지는 시간을 보냈습니다. 제 생애 가장 큰 후회였습니다. 아들이 가장 힘들 때 제가 그의 곁에 있어주지 못했고, 아들의 바람을 들어주기보다 제가 바라던 미래에만 집중했던 제 자신이 원망스러웠습니다.

긴장은 그 후에도 계속되었습니다. 남편과 저는 아들과 합의점을 찾으려 무수히 노력했지만, 결과적으로 갈등은 우리를 더 멀어지게 했습니다. 변화가 필요하다는 건 알았지만, 어떻게 해야 할지 몰랐습니다. 아들은 학교를 그만두고 돈을 벌겠다는 의사를 강하게 주장했고, 저는 그 상황이 답답하게 느껴졌습니다. 희망이 없는 것처럼 느껴졌지만, 그때 포기할 수는 없었습니다.

결국 저는 제 마음을 내려놓고, 기도하는 삶을 시작했습니다. "하나님, 제 힘으로는 해결되지 않아요." 진심 어린 기도로 눈물을 흘리며, 제 마음을 조금씩 내려놓기 시작했습니다.

자식에 대한 응원과 지지

저는 아들에게 교육이 얼마나 중요한지 설득하려 했지만, 아들은 분노와 절망이 뒤섞인 표정으로 저를 바라보며 말했습니다. "엄마, 엄마는 이해 못 해요. 학교는 저랑 맞지 않아요. 저는 제 길을 만들고 싶어요." 제 꿈과 목표는 아들이 육군사관학교에 들어가는 것이었지만, 아들은 완전히 다른 꿈을 가지고 자신만의 길을 가려고 했습니다. 아들의 이야기를 듣고 나니 마음이 무너지는 것 같았습니다. 우리는 아들의 마음을 돌리기 위해 여러 가지 방법을 시도했지만, 결과는 서로의 에너지만 소진 시킬 뿐이었습니다.

문득 어렸을 때 어머니께서 가족을 위해 보여주셨던 희생과 사랑을 떠올리며 다시 한 번 생각하게 되었습니다. 결국 저는 아들의 육군사학교 진학을 포기하고, 아들이 자신의 진로를 따르도록 지켜볼 수 밖에 없었습니다.

제가 한 쪽에만 집중하며 다른 것을 놓치고 있었구나 다시 한 번 생각하게 되었습니다. 마음을 내려놓고 한 박자 쉬어간 후, 저는 작은아들에게 더 관심을 두기로 했습니다.

제가 깨달은 것은 문제를 빨리 해결하려고 하면 오히려 문제를 더 복잡하게 만든다는 점입니다. 해결책은 마음을 내려놓고, 다른 일에 집중하는 것입니다. 예를 들어, 저 자신에게 집중하여 자존감을 높이기 위한 활동을 찾거나, 자기 커리어에 도움이 될만한 것들을 개발하는 것이 하나의 방법이 될 수 있습니다. 스스로에 대해 효능감을 갖고 성취를 이루는 것이 가족들이 본인을 다르게 보고 인정해줄 수 있는 길이 될 것입니다.

수많은 밤과 어려운 대화 끝에, 저는 가족의 핵심은 우리가 잃어버린 신뢰와 소통을 재건하는 것임을 깨달았습니다. 남편과 저는 서로의 두려움을 극복하고, 서로의 말을 듣고, 이해하며, 우리의 진로 뿐 아니라 아들의 진로에 대해서도 그가 원하는 수준에서 대화하고 인정하려고 노력하기로 했습니다.

아들을 자랑스러운 육군사관생도로 만들겠다는 엄마의 계획과 꿈은 사라지고, 자신의 인생을 스스로 꾸리려 하는 아들을 이기지 못한 저는 마음을 내려놓게 되었습니다. 그 순간 저는 그가 자신의 길을 찾도록 지원하기보다는 그를 성공에 대한 나만의 비전으로 만들려고 얼마나 노력했는지 깨달았습니다. 그 대화가 전환점이 되었습니다. 쉽지 않았고 시간이 걸렸지만, 남편과 저는 천천히 관계를 회복하기 시작했습니다. 아들의 행복에 초점을 맞췄습니다.

돌이켜보면, 자식의 말을 진심으로 듣고, 그들의 꿈을 이해하고, 그들이 자신의 길을 찾을 수 있도록 지원하는 것이 얼마나 중요한지 알게 되었습니다. 가족은 단순히 성공으로 이끄는 것이 아닙니다. 자녀들이 어떤 길을 선택하든 상관없이 그들을 위해 존재하는 것입니다.

아이들이 부모와 평행선처럼 걷는 때가 있습니다. 그럴 때마다 부모와 자녀 사이에는 항상 갈등이 발생합니다. 이런 상황에서 부모가 자녀를 위해 기도하고 부모로서의 위치를 유지한다면, 결국 시간이 해결해 줄 것입니다.

자녀들은 부모가 생각하는 것보다 스스로의 미래에 대해 더 많은 고민을 하고 있기 때문에, 기다림이 자녀들에게 가장 좋은 방법이 될 수 있습니다. 요즘은 교육을 위해 아이들에게 소리치거나 때리는 일이 많지만, 그것은 이제 과거의 이야기입니다. 오늘날은 할머니가 손녀를 때리면 손녀가 경찰에 신고하고, 아들이 부모를 신고하는 세상에 우리는 살고 있습니다.

인간은 태어나서 결혼을 해야 하는 이유도 여기에 있습니다. 나쁜 일도 있지만, 더 많은 좋은 일이 존재합니다. 실제로 결혼을 하고 아이를 키우면서 얻는 행복은 매우 크며, 이는 국가에 대한 애국과도 연결됩니다. 우리 아닌 나 하나가 애국하여 모여진 것들이 나라를 구한다는 애국심이 있다면 우리는 가정을 꾸미고 새로운 삶을 도전하는 기회가 오지 않을까 하는 생각을 해봅니다. 결혼해서 희망과 기쁨을 누가 알려줄까요?

실제로 내가 직접 해보지 않고는 그런 기쁨이나 희망을 느끼기가 어렵습니다. 아이가 태어나서 주는 작은 행복의 씨앗이 모여 풍성한 열매를 맺듯이, 부모가 자녀를 신생아에서부터 성인이 될 때까지 함께 노력함으로 얻는 기쁨이 결국 그 자녀가 부모의 노후에 일어날 아픔과 어려움을 보듬어 줄 수 있습니다. 그것이 가족에서 일어날 수 있는 큰 행복이자 가치입니다.

새로운 도전 : 박사과정 입학의 여정

제가 33년간 공직 생활을 하면서 은퇴 후 무엇을 할지 고민했습니다. 은퇴를 앞둔 사람은 누구나 꿈을 가지고 있습니다. 동창들과 이야기를 나누다 보면 사람들은 여러 분류로 나뉩니다. 기술에 능하고 많은 돈을 번 사람들도 있고, 자격증을 살려 은퇴 후 무언가를 찾아 나서는 사람들도 있습니다.

저는 사회복지에 관심을 가지게 되었고, 은퇴 후 사회복지센터를 설립할 계획을 세웠으며, 관련 지식을 쌓기 위해 사회복지 관련 자격증을 준비했습니다. 그러나 직장을 다니면서 준비하는 것은 매우 어렵다고 느꼈습니다.

그러던 어느 날, 우연히 학부 시절 만났던 강길환 교수님을 지인의 결혼식에서 만났습니다. 교수님께서는 저에게 최고위 과정에 지원하라며 추천서를 건네주셨습니다. 이미 석사 학위와 사회복지사 자격증을 보유하고 있었기에, '최고위 과정에서 더 배울 것이 있을까?'라는 자만심에 교수님의 추천서에 별 관심을 두지 않았습니다. 그러나 어느 날, 두 명의 교수님이 우리 회사에 찾아왔습니다. 교수님과 식사를 하고 이야기를 나누면서 결국 저는 최고위 과정에 입학하게 되었습니다.

그곳에서 만난 엄길청 원장님은 제 꿈인 사회복지센터를 운영하려면 경영학 학위를 졸업해야 한다고 하셨고, 사회복지센터 운영에는 많은 자금이 필요하니 경영학을 배우지 않으면 어렵다는 말씀도 해주셨습니다. 그때는 그 말씀이 크게 와닿지 않았고, 석사 학위를 취득한 교만함에 젖어 있었지만, 집에 돌아와서 교수님의 말씀을 곰곰이 생각하니 마치 하늘의 말씀처럼 교수님의 얼굴과 말씀이 귀에 크게 울려 순간 갈등을 느꼈습니다. 그래서 다음 날 아침, 교수님께 전화를 드렸습니다.

"교수님, 저 입니다. 박사 과정에 지원하겠습니다."

그 이후로는 단순히 공부하고 논문을 쓰고 시험을 치르는 과정이 아니라, 인맥을 쌓고 다양한 경험을 쌓는 과정이었습니다. 1년 동안 해외연수도 다니며 이전에 한 번도 해보지 못했던 많은 것들을 경험했습니다. 주변 사람들에게도 이 학교에 입학할 것을 독려하며 공부를 시작했고, 여러 해에 걸쳐 많은 사람들을 이 학교의 학생으로 등록하도록 독려했습니다.

사회복지 교수님들께 박사 과정으로 경영학을 신청했다고 말씀드렸을 때, 대부분의 교수님들이 중도에 포기하는 경우가 많으니 하지 말라고 만류하셨습니다. 그러나 저는 한 번 신청한 상태였고, 공무원 추천서를 받는 과정에 있었기 때문에 포기할 수 없어서 계속해서 도전할 수밖에 없었습니다.

이 모든 과정을 통해 학문적으로나 개인적으로 새로운 도전을 받아들일 수 있었고, 그 과정에서 얻은 지식과 경험은 제 인생의 중요한 전환점이 되었습니다. 저는 경기도대학교 교수로 임명되어 지도 교수로 활동하였고, 이후 남서울 평생교육원에서 현 교육원을 시작하게 된 계기기 되었습니다. 이는 경기도대학교에서의 경험, 남서울 평생교육원에서의 경험, 그리고 33년간의 공직 경험을 바탕으로 현재 서울미래지식평생교육원을 설립 후 현재는 독립하여 건물을 얻어서 독립한 사업을 운영하게 되었습니다.

애경사 사건과 은퇴식 (가족의 갈등 회복)

오빠와의 사이에 약간의 냉전이 있었던 것은 상호간에 의사소통이 잘 이뤄지지 않았기 때문이었습니다. 문제는 제가 일을 하면서 공부까지 하느라 가족의 애경사에 잘 참여하지 못했기 때문입니다.

오빠는 저에게 서운함을 표현했지만, 저는 가족이니까 이해해 줄 거라고 생각을 했습니다. 그러던 중에 고향 어르신이 돌아가시는 일이 생겼습니다. 찾아가야 하지만 그때 제대로 신경을 쓸 수 없는 일이 있어서 찾아가지 못했습니다. 그로 인해 또다시 문제가 생겼습니다. 찾아뵈었어야 했는데 신경을 쓰지 못하고 찾아뵙지 못했기 때문입니다.

주변 사람들은 의무를 다하지 못한다는 시선으로 바라보았습니다. 그로 인해 제 마음은 무거운 짐이 하나 더 놓여진 것 같았습니다. 박사 과정 중 중요한 가족 장례식에 제대로 참석하지 못할 것이라는 결정을 해야 하는 순간, 가족과의 갈등은 더욱 악화 되었습니다. 가족에게 오해를 받는 상황에서 갈등이 생겼고, 형제들에 대한 신뢰가 무너졌습니다.

저는 함께 슬퍼하고, 사랑하는 사람을 기리며, 서로에게 지지를 보여주고 싶었지만, 제 연구 요구 사항이 너무 많아서 최선을 다했음에도 그 자리에 갈 수 없었습니다. 이 과정에서 저는 오빠에게 제 감정을 전하려 노력했습니다. 중요한 가족 행사에 참석하지 못한 것이 얼마나 마음 아팠는지, 오빠의 지지에 대해 얼마나 감사한지를 설명하고 싶었지만, 제 표현은 충분하지 않았던 것 같습니다.

가족 간의 묵묵한 갈등이 있었고, 제 죄책감과 오빠와 갈등으로 충돌했습니다. 오빠는 가족의 장으로서 당연히 해야 할 일을 하고 있다는 것을 알았지만, 저는 오빠와 다른 가족들에게 실망을 안겨드렸다는 생각을 떨칠 수 없었습니다.

저는 그 당시 연구에 집중하고 있었고, 박사 과정을 마치는 압박감에 몸도 마음도 지쳐갈 때가 많았습니다. 남편은 제가 논문을 쓰고 발표 준비를 할 때 집안일을 도맡아 하며 마치 모든 것을 알고 있다는 듯이 저를 배려해 주었습니다. 그런 가족들에게 너무 미안한 마음이 들었습니다. 하지만 한편으로는, 가족들이 제가 나이가 들어서 공부를 해야 하는 이유를 이해하고 있다는 사실도 알고 있었습니다.

그러나 그런 가족들의 이해심은 저를 자랑스럽게 만들면서도, 동시에 오랜 시간 그들을 소홀히 한 것에 대한 미안함을 느끼게 되었습니다. 엄마와 아내로서의 역할과 학문에 대한 욕망

사이에서 끊임없이 갈등했습니다. 그러나 가족이 있어 가족의 행복을 가질 수 있어 더욱 행복했습니다.

몇 년 후, 저는 퇴임식을 하게 되었는데 제 퇴임식에 가족을 초대할 기회를 가졌습니다. 이 행사는 오랜 세월 동안의 헌신과 노력을 대표하는 중요한 이정표였습니다. 저는 가족이 단순히 퇴임식을 축하하는 것뿐만 아니라, 제 여정에서 그들의 역할을 인정받기를 원했습니다.

퇴임식은 동료, 친구, 귀빈들이 참석한 성대한 행사였습니다. 하지만 가장 중요한 손님은 가족이었습니다. 저는 관중 속에 있는 가족들의 얼굴을 바라보았습니다. 한때 애경사에 제 위치를 맡았던 형제들도 그 자리에 있었습니다. 그때 사령관은 큰 소리로 부대원들의 가족들에게 집중하며, 부대원들이 가정 행사를 제대로 참석하지 못한 것에 대해 진심으로 사과의 말씀을 전했습니다.

"여러분의 가족들이 가정에서 중요한 일을 해야 할 때 비상 상황이 많이 있었습니다. 이 곳에 참석한 여러분들은 소중한 가족이지만, 저에게 그들은 함께 회사를 성장시킨 직원들입니다. 여러분의 가족이 우리나라에 충성을 다했기 때문에 국가와 사회가 안정될 수 있었습니다. 그로 인해 많은 부분에서 여러분들의 가정과 삶이 참으로 힘든 적이 있었을 것으로 봅니다.

병원에 입원하거나 장례식이 있어도 제대로 참석하지 못한 적이 많았을 것입니다. 그 점을 대신 사과 드리고 싶습니다. 여러분의 부모와 형제 덕분에 우리나라를 지킬 수 있었습니다."

사령관이 전하는 말씀에 저와 가족들 모두가 큰 위로가 되었습니다. 오랫동안 남아있던 많은 감정들이 그 말씀으로 인해 제 가족들이 저에 대한 오해를 풀 수 있는 계기가 되었습니다. 그렇게 저는 수백 명 앞에서 퇴직식을 하고, 가족과 지인들과 함께 식사를 하고 각자의 길을 떠났습니다. 그 이후로도 형제와의 관계는 사령관의 한마디로 온 가족은 오해를 풀고 다시 행복한 가족으로 변하는 계기가 시작되었습니다.

가족은 단순히 그 순간을 함께하는 것이 아니라, 어려운 선택을 할 때에도 서로를 이해하고, 인생이 우리를 각기 다른 방향으로 이끌더라도 함께 서 있다는 것을 배우게 되었습니다. 서로를 위해 희생함으로써 우리는 행복을 누릴 수 있게 됩니다.

결혼은 행복을 위해 반드시 필요한 것이지만, 가족이 있는 사람은 결혼을 해본 적 없는 사람들과는 생각이 다를 수 있습니다. 아무리 나이가 많아도 결혼한 사람과 결혼하지 않은 사람 사이에는 성숙도에서 차이가 있습니다. 이는 각기 다른 관점의 차이를 만들기 때문입니다.

남편과 자녀들은 보석 같은 소중한 존재입니다. 지금 우리나라는 심각한 저출산 문제를 겪고 있으며, 이는 젊은이들이 결혼해야만 해결될 수 있는 문제입니다. 정부도 많은 노력을 기울이고 있지만, 현실적으로 젊은이들이 결혼을 부담스러워하는 상황에서, 부모들이 오히려 더 큰 문제가 되는 가족들도 있습니다.

재정적으로 독립된 상황에서도 결혼을 왜 해야 하냐고 묻는 사람들도 있지만, 돈이 인생의 전부는 아니더라도 삶을 살아가기 위해 필요한 것이고, 가족과 함께 돈을 모으며 가족의 안락함을 느끼는 것이 진정한 행복입니다.

청춘남녀가 만나 결혼을 하지만 결혼을 위한 준비가 제대로 되지 않은 상태에서 결혼을 하게 되는 경우가 많습니다. 그런 점에서 국가기관이나 평생교육기관에서는 결혼에 필요한 교육을 시켜야 합니다.

현재 한국에는 결혼을 위한 자격증이 없습니다. 다양한 자격증이 존재하지만 결혼 자격증은 없기 때문에 만약 이를 도입하게 된다면 결혼에 대한 두려움이나 독신주의에 대한 생각이 크게 줄어들 것으로 예상됩니다.

사회에서는 각 분야에 필요한 자격을 요구하기 때문에 사람들은 취업 준비를 위해 오랜 시간을 투자합니다. 그러나 결혼 준비 없이 결혼에 들어서는 것은 결혼 후 실망과 이혼으로 쉽게 이어질 수 있는 요인이 될 수 있다고 생각합니다. 몇 년 후 죽을 때까지 함께 살아가야 할 배우자와, 자녀를 낳아 함께 가정을 꾸리게 될 가족 사업을 이루게 될 것이기 때문에 결혼 준비는 중요합니다.

따라서 결혼을 위한 자격증이 필수적이라고 생각합니다. 만약 결혼 자격증이 국가적으로 부여되고, 사회 활동 전반에서 자격증 소지자에게 가산점을 준다면 저출산 문제도 점차 해결될 것 이라고 생각합니다.

가족에 대한 성찰

이 두 가지 사건, 즉 애경사와 퇴임식은 제 삶에서 가족의 중요성을 다시금 깨닫게 해주었습니다. 이들은 가족이야말로 힘의 원천이며, 우리 삶의 기반을 제공한다는 사실을 가르쳐 주었습니다.

가족은 우리가 처음으로 사랑, 희생, 그리고 공감을 배우는 곳입니다. 가족 안에서 우리는 삶의 도전에 맞설 용기를 얻고, 꿈을 추구할 힘을 얻습니다. 가족의 중요성은 동양 고전 설화인 '대나무와 가족' 이야기에서 아름답게 요약되어 있습니다.

이 이야기에서 대나무는 다른 대나무들과 뿌리를 깊이 얽히게 하여 키 크고 튼튼하게 자랍니다. 그 뿌리들은 네트워크를 형성하여 대나무가 폭풍을 견디고 번성할 수 있도록 도와줍니다. 마찬가지로 가족의 힘은 그 연결성에 있습니다. 우리가 가족으로부터 받는 지지와 사랑은 우리가 성장하고, 번영하며, 역경을 극복할 수 있게 해줍니다.

저의 경험은 가족이 우리 삶의 토대라는 믿음을 더욱 강화시켜 주었습니다. 부모님과 형제자매들의 희생과 변함없는 지원, 그리고 그들로부터 배운 교훈들은 매우 소중한 것이었습니다.

가족은 우리가 진정한 자신을 찾는 곳이며, 조건 없이 받아들여지고, 세상에 맞설 힘을 얻는 곳입니다.

　결론적으로, 가족의 중요성은 아무리 강조해도 지나치지 않습니다. 우리는 가족의 지원과 사랑을 통해 인생의 갈등을 헤쳐나갑니다. 애경사 사건과 퇴임식은 제 삶에서 가족의 역할을 이해하는 데 중요한 역할을 했습니다. 이 경험을 통해 저는 가족이 단지 기쁘고 슬플 때 함께하는 것만이 아니라, 어려움을 극복하는 과정에서 서로를 조건 없이 지지하고 인정하는 가족임을 깨달았습니다.

가족의 이해 - 가족의 공감과 소통의 힘

가족 문제의 해결책은 바로 용서입니다. 나누고 공감하기 위해서는 용서하는 마음으로 소통이 이루어져야 합니다. 가족은 서로 이해하고 공감하며 진심 어린 대화를 나눌 수 있는 환경이어야 하며, 그렇게 되었을 때 비로소 가족을 이해하는 관점도 크게 변화하게 될 것입니다.

이러한 변화는 개인에게만 머물러서는 안 되며, 가족 전체로 확장되어야 합니다. 이러한 변화의 핵심은 공감과 소통을 통해 가족을 이해하는 것입니다. 특히 어려운 시기일수록 문제를 해결하기 위해서는 깊이 있는 대화를 통한 공존과 상생이 필요합니다. 저는 가족과는 언제든 대화를 나누기 좋은 환경을 조성하는 것이 필수적이라고 확신합니다. 밖에서 힘든 것도 가정에서 치료하고 피로를 풀 수 있는 꼭 가족의 둥지가 되기를 바래봅니다.

가족의 공감과 소통의 역할

공감과 의사소통은 강한 가족 관계의 초석입니다

어느 날, 손녀를 데리러 유치원에 갔는데, 손녀가 허리에 손을 얹고 당당하게 말했습니다.
"할머니가 오실 거면 미리 전화해서 오늘 온다고 말해야지, 아무 말도 없이 오시면 어떻게 해요?"
그 말에 저는 많이 당황했습니다.

화난 손녀를 데리고 간식을 먹기 위해 분식집으로 갔습니다. 허기진 손녀의 배를 채워주고 나서 왜 화가 났는지 물었습니다. 그러자 손녀가 대답했는데, 마치 어른처럼 자기 의견을 표현하는 모습에 매우 놀랐습니다.
"사실 다른 친구들은 10시에 오면서 밥도 먹고 얼굴도 예쁘게 하고 옷도 예쁘게 입고 오는데, 나는 엄마가 일찍 출근해서 어린이집 불만 켜져 있는 시간에 친구 하나 없는 빈 공간에서 혼자 있으니, 하교하는 길이라도 엄마나 아빠가 데려가주길 바라는 마음도 이해해 줘야 되요." 라면서 자기 의견을 또박 또박 얘기하는데 얼마나 명확하게 하는지 나는 아무 말도 못하고 눈물이 와르르 쏟아질 수 밖에 없었습니다.

감정과 느낌은 우리 마음으로 느끼는 것이라 상대방의 감정을 이해해 주는 것만큼 좋은 것이 어디 있겠습니까? 가족 간에는 작은 것들을 소홀히 하기가 쉽지만, 오히려 그런 작은 부분들에 더 신경을 쓰는 것이 예의라고 생각합니다. 가족들은 항상 서로를 배려해야 한다고 믿습니다.

'가족'은 말을 돌려서 하기 때문에 의사소통이 안 되는 경우가 있습니다. 어린아이처럼 솔직하게 이야기하며 소통해야 합니다. 많은 경우 남편들이 아내의 마음을 이해하지 못하고 답답해하는 모습을 볼 수 있습니다. 그래서 사소한 일로 시작된 싸움이 서로의 자존심을 상하게 하고 신경전으로 이어지기도 합니다.

가족은 모든 일에 봉사와 희생을 동반해야 한다고들 말합니다. 가족 간에는 아이처럼 순수하고 배려하는 마음이 필요합니다. 그래서 저는 손녀를 통해 아이의 마음을 이해하게 되었습니다. 그때 손녀로부터 배운 것은 정말 큰 교훈이었습니다. 마치 어린아이처럼 현관에서 남편을 배웅하며, "돈 많이 벌어오세요"라고 말하며 서로의 행복을 나눌 수 있었습니다.

겨울에는 신발을 따뜻하게 데워 드리고, 나가서 힘들 때마다 가족을 생각하여 가족의 품에 올 수 있도록 가정을 쉴 수 있는 안식처로 해 드렸습니다. 여름에는 신발을 시원하게 만들어 서로를 배려하면서 삶을 더 행복하게 만들 수 있었습니다. 이런 기본적인 배려를 통해 가족 간의 행복을 공유할 수 있습니다.

 또한 결혼을 하고 자녀를 가지게 되면, 자녀들에게 투자하고 건강한 가정을 꾸리며 노년에 이르기까지 서로를 돌보는 교육을 받아야 합니다. 이러한 교육을 통해 자녀들은 부모를 섬기는 강한 가정을 이룰 수 있게 됩니다.

 세대 간의 관계는 서로 다른 세대가 상호작용하며 서로에게 영향을 미치는 과정을 의미합니다. 이러한 관계는 가족, 직장, 사회 등 다양한 맥락에서 형성되며, 서로의 가치관, 경험, 그리고 관점을 이해하고 존중하는 것이 중요합니다.

 세대 간의 관계를 이해하는 첫걸음은 서로 다른 세대가 각기 다른 역사적, 문화적 배경 속에서 자랐다는 사실을 인식하는 것에서 시작됩니다. 각 세대는 고유한 경험과 도전 과제를 겪었으며, 이로 인해 가치관, 태도, 행동 양식에서 차이가 있을 수 있습니다. 이러한 차이를 인정하고 이해하는 것이 세대 간의 관계를 원활하게 유지하는 데 도움이 됩니다.

 특히 가족 내에서 세대 간의 관계는 중요한 역할을 합니다. 부모와 자녀, 조부모와 손주 사이의 세대 간 관계는 서로의 경험과 지혜를 공유하고, 상호 지원과 이해를 통해 가족 유대를 강화합니다.

하지만 세대 간의 관계는 도전적인 상황을 초래할 수 있습니다. 가치관의 갈등, 의사소통의 어려움, 역할 충돌 등이 그 예입니다. 이러한 도전 과제들은 상호 이해와 의사소통, 존중과 유연성을 통해 극복될 수 있습니다.

세대 간의 관계를 이해하는 것은 사회 내에서 다양성 증진과 조화를 이루는 데 중요한 역할을 합니다. 서로 다른 세대가 서로를 이해하고 존중하는 사회는 더욱 번영하고 포용적인 사회가 될 수 있습니다.

세대 간의 이해와 소통은 가족 경영에서 매우 중요한 요소입니다. 부모는 가정에서 자녀를 올바르게 교육해야 하며, 자녀는 어릴 때부터 부모를 섬기고 서로 소통하는 법을 배워야 합니다. 가정은 결코 소홀히 해서는 안 됩니다. 부모는 결혼한 자녀에게 모든 것을 주지 않아도 됩니다. 가정 내에서 세대 간의 이해와 소통은 가족 공동체의 조화와 행복을 위해 필수적입니다. 서로 다른 세대가 서로의 가치관, 경험, 그리고 관점을 이해하고 존중하는 능력은 가족 구성원 간의 갈등을 줄이고 상호 지원과 공감을 제공함으로써 가족 생활을 효과적으로 관리할 수 있게 해줍니다.

세대 간의 소통은 단순한 의사소통 도구가 아니라, 서로의 감정을 이해하고 공감하며 인정하는 과정을 의미합니다. 이는 가족 구성원들이 서로를 더 잘 이해하고, 각자의 의견을 존중하며, 함께 문제를 해결할 수 있도록 돕습니다. 무대 공포증은 무대에서 많은 경험을 쌓은 후에야 해소되듯이, 많은 가족 문제 또한 가족 일은 가족 내에서 해결해야 합니다. 많은 사람들은 외부와 상담을 하면서 잘못된 조언을 받고, 올바른 해결책이 아닌 잘못된 해결책을 시도하게 되는 경우가 많이 있습니다.

게다가, 세대 간의 소통은 가족 구성원 간의 관계에도 긍정적인 영향을 미칩니다. 가족 구성원들은 서로의 경험과 지식을 공유하며 함께 성장하고 발전할 기회를 가질 수 있습니다. 이렇게 가족 구성원 간의 유대감을 강화하고, 가족 공동체의 결속을 다짐하며, 새로운 창의성을 인정하고 서로의 감정을 이해하는 가족 경영은 풍부한 행복을 창출하며, 가족이 함께 인생을 피크닉처럼 걸어가는 여정을 만들어줍니다.

따라서 가정 내에서 세대 간의 원활한 소통을 통해 가족 공동체의 단단한 결속력을 다지고, 가족이 행복을 나누며 함께 걸어가는 삶을 만들어나가야 한다고 주장하고 싶습니다.

가족 경영은 세대 간의 이해와 소통

이해와 소통은 가족 구성원의 용서가 필수입니다. 개인적인 성격 형성하는데 돕는 데도 매우 중요한 역할을 합니다. 서로 다른 세대가 서로의 경험을 공유하고 서로의 의견을 존중하며 인정함으로써, 가족 구성원은 자신의 세계관을 넓히고 새로운 아이디어를 얻을 수 있습니다.

가족은 3세대가 함께 걷는 길이며, 창의성이 있는 사람들과 노동을 통해 능력을 발휘하는 사람들의 차이를 인정하고 소통하며 그들이 재능을 잘 발휘할 수 있도록 항상 지원하는 가족입니다. 먼저, 중요한 것은 시어머니가 며느리와 손주들이 원하는 것을 듣고, 그들을 키운다는 생각을 하며 필요한 것을 신속히 제공하는 것이 중요하다는 점을 강조하고 싶습니다.

사실 결혼 전에 집에서 아무것도 하지 않고 제공된 음식을 먹으며 자신의 삶을 살 수 있지만, 결혼이라는 둥지 안에서 모든 것이 현실로 접어들면 모든 것이 새롭게 시작되므로 시어머니도 며느리를 키우게 됩니다. 따라서 시어머니와 며느리 사이의 갈등이 발생하지 않도록 하여 며느리가 시어머니와의 관계에서 어려움을 겪지 않도록 해야 합니다.

감정은 우리 안에서 발생하는 복잡한 반응으로, 특정 상황에 대해 우리가 어떻게 느끼는지를 나타냅니다. 감정과 소통의 역할은 긴밀하게 연결되어 있습니다. 감정을 통해 우리는 다른 사람들과 연결되고 우리의 내면 세계를 이해하고 표현할 수 있습니다. 또한, 소통은 우리가 감정을 표현하고 다른 사람들과 공유함으로써 상호 이해와 지지를 얻을 수 있는 수단입니다. 따라서 감정과 소통은 개인적 성장과 대인 관계에서 중요한 역할을 합니다. 감정을 인식하고 이해하는 것은 자기 이해와 자기 조절에 도움을 주며, 소통을 통해 우리는 다른 사람들과 연결되고 지지를 받을 수 있습니다.

　공감은 서로의 입장에서 생각하고, 가족 구성원의 감정과 관점을 이해하는 데 도움을 줍니다. 반면 소통은 공감을 표현하고 이해를 얻는 수단입니다. 이는 단순히 말을 하는 것이 아니라, 각자가 존중받고 있다는 느낌을 받을 수 있도록 적극적으로 경청하는 것을 포함합니다. 가족 문제가 발생했을 때는 용서입니다. 용서라는 것을 바탕에 깔고 대화를 시작하게 되면서 공감과 소통이 빠르게 이루워질 수 있습니다.

　서로 공감함으로써 가족 구성원은 문제의 근본 원인과 관련된 감정을 더 잘 이해할 수 있으며, 소통은 이러한 생각을 건설적으로 표현 할 수 있는 기회를 제공합니다. 이러한 역동적인 상호 작용은 협력적으로 문제를 해결할 수 있는 지지적인 환경을 만들어줍니다. 가족은 가정이란 둥지 안에서 부족함을 채울 수 있고 상처도 치유할 수 있는 편안한 안식처입니다.

　이 책을 쓰기 위해 주변 사람들을 많이 만나보게 되었습니다.

사례 1

어떤 지혜로운 부모는 문제에 있어서 부모보다는 자녀에게 판단할 수 있는 기회를 주고, 잘 해냈을 때에 칭찬해 주는 부모의 자녀로서 성장하면서 자신감을 얻는 자녀가 되어 있었습니다. 그러나 또 다른 어떤 똑똑한 부모의 가정은 자녀가 실력이 있음에도 인정보다는 무시하면서 자녀의 자아존중감을 잃게 만드는 안타까운 사례도 있었습니다.

사례 2

아빠가 얘기할 때면 자녀는 항상 "내가 알아서 하겠습니다. 기다려 주세요."라고 하여 내심 못 미더웠다고 합니다. 그러던 어느 날, 군대 같은 산업체 군과 사회생활을 병행하는 아주 힘든 곳에 아들이 지원해서 간다는 말을 듣고 아버지는, 그냥 놔두면 아들이 알아서 잘한다는 것을 다시 한 번 깨닫게 되었다고 합니다. 역시 자녀들에게는 잘 할 수 있게 응원하고 관심을 주고 기다려 주는 것이 최선의 방법입니다.

공존의 환경 만들기

소통을 통한 공존의 환경을 조성하는 것은 가족 구성원들이 생각과 감정을 안전하게 표현할 수 있는 개방적인 대화 문화를 정착시키는 것을 의미합니다. 이러한 환경은 서로의 차이를 인정하고 존중하며, 판단하거나 무시하는 대신 가치 있게 여기는 상호 존중에 기반을 둡니다. 실제로 이를 실천하기 위해서는 정기적으로 가족 토론 시간을 마련하고, 솔직한 대화를 장려하며, 대립보다는 이해를 통해 갈등을 해결하려는 노력이 필요합니다. 이러한 접근 방식은 가족 구성원들 간의 유대감을 강화하고 깊은 연결감을 형성하는 것이 필수이지만 더 중요한 것은 용서에서 관계는 회복하게 되므로 이해 타산 없이 희생과 봉사에서 관계는 더 도움이 됩니다.

어려운 시기를 극복하다

삶에서 가장 어려운 순간은 누구에게나 찾아올 수 있으며, 이런 순간들은 종종 가족의 회복력과 결속력을 시험합니다. 공감과 소통은 가족이 이러한 폭풍을 더 효과적으로 이겨낼 수 있도록 돕습니다. 예를 들어, 가족의 구성원이 어려움을 당한 형제나 부모님께 함께하면서 지지해주고 응원하는 힘이 있습니다. 경제적 위기나 중병을 겪을 때, 가족 내의 지원 시스템은 생명의 희망이 될 수 있습니다.

어려운 시기를 극복하는데는 공감과 용서가 수반되어야 한다고 생각합니다. 빠른시간에 극복보다는 천천히 충분한 시간을 놓고 상황을 바르게 판독해야하는 시간이 필요합니다. 상대방 입장을 헤아리는 생각이 우선여야하며 자존심은 버리고 용서하는 마음이 우선이라면 극복하는데 최고의 길입니다.

어려운 시기를 극복하는 방법

1. 긍정적인 마음가짐

어려운 상황 속에서도 긍정적인 요소를 찾아보세요. 작은 성취나 감사한 일에 집중하려고 노력해보세요. 힘든 순간일수록 용서할 만한 작은 것들을 떠올리는 것이 도움이 될 수 있습니다. 긍정적인 마음은 어려움을 극복하는 데 큰 힘이 됩니다.

2. 지원 요청하기

혼자서는 어려움도 함께하면 절반으로 줄어들면서 빠른 회복이 될 수도 있습니다. 친구, 가족, 또는 전문가에게 도움을 요청하세요. 단순히 이야기를 나누는 것만으로도 마음이 한결 가벼워질 수 있습니다. 주변의 지지와 공감은 혼자서 느끼는 무게를 덜어주고 더 나은 해결책을 찾는 데 도움을 줄 수 있습니다.

3. 자기 관리

규칙적인 운동, 건강한 식습관, 충분한 수면을 통해 신체적, 정신적 건강을 유지하세요. 몸과 마음이 건강할 때 스트레스를 더 잘 이겨낼 수 있으며, 더 긍정적인 태도를 유지할 수 있습니다.

4. 목표 설정

작은 목표를 설정하고 이를 성취하면서 자신감을 키워보세요. 큰 목표보다는 현실적이고 실현 가능한 작은 목표부터 시작하는 것이 중요합니다. 작은 성공들이 쌓이면 더 큰 도전을 맞이할 준비가 될 것입니다. 이런 방법을 해보면 자신감이 생기고 훨씬 행복이 다가올 수 있습니다.

5. 취미 활동

자신이 좋아하는 활동이나 취미를 통해 스트레스를 줄이고 마음의 평안을 찾아보세요. 취미는 일상의 스트레스에서 벗어나 휴식을 취할 수 있는 좋은 방법이며, 자기 자신을 돌보는 데 중요한 역할을 합니다.

6. 명상과 호흡

명상이나 깊은 호흡을 통해 마음을 차분히 하고 스트레스를 관리하세요. 이 방법은 불안감을 줄이고, 정신을 맑게 하여 어려운 상황에서도 평온함을 유지할 수 있게 도와줍니다.

7. 일기 쓰기

자신의 감정과 생각을 일기에 기록하며 정리하고, 자기 성찰의 시간을 가져보세요. 일기를 쓰는 과정은 내면을 들여다보고, 스스로의 감정을 객관적으로 이해하는 데 도움이 됩니다.

8. 문화 예술

몸으로 운동을 해보세요. 자전거를 타거나, 모델을 시도해 보거나, 스포츠댄스, 라인댄스, 노래를 배우거나 나에게 맞는 운동을 해보세요. 내가 있고 가족이 있습니다. 이러한 것들을 배우려면 돈이들어 경제력이 어려운 사람은 빠른 걸음의 산책 중요합니다.

이 방법들이 여러분이 어려운 시기를 이겨내는 데 큰 도움이 되길 바랍니다. 학생 때부터 하고 싶었던 숙제는 누구나 있을 것입니다. 나이에 상관없이 시도해 보세요!

가족의 공감과 화합의 원동력

가족 내에서의 공감과 용서는 원활한 사회생활을 이끄는 원동력이 됩니다. 가족 구성원들이 서로를 이해하고 지지할 때, 안정감과 소속감이 생기며 이는 가정 밖에서의 사회적 상호작용에서 더 큰 자신감과 정서적 안정을 가져다줍니다.

오늘날 바쁜 삶 속에서도 가까운 가족 관계를 유지하는 것은 많은 이점을 제공합니다. 예를 들어, 정기적인 가족 모임이나 안락은 현대 생활의 혼란 속에서도 안정성을 유지하는 데 도움을 주는 연속성과 지지를 제공합니다. 이러한 상호작용은 우리에게 가족이 주는 무조건적인 사랑과 뿌리를 상기시켜 주며, 이는 매우 큰 힘의 원천이 될 수 있습니다.

서로의 관심사와 취미를 공유하고, 서로의 감정을 인정하며 공감 어린 말을 사용하는 것은 가족 간의 관계를 더욱 깊고 풍부하게 만드는 방법입니다. 서로의 의견을 존중하고 들어주는 것도 중요합니다. 가족이란 다양한 개성과 성향을 지닌 구성원들로 이루어져 있기에, 각자의 차이를 인정하고 존중할 때 더 나은 조화를 이룰 수 있습니다. 예를 들어, 가정 내에서 작은 일에도 감사함을 표현하는 습관은 가족 간의 유대를 깊게 만듭니다. 감사는 단지 고마운 마음을 표현하는 것을 넘어서, 서로의 존재와 노력을 인정하는 중요한 방식입니다.

또한, 가족과 함께 시간을 보내며 즐거운 경험을 쌓는 것은 서로를 더 깊이 이해하는 기회가 됩니다. 가족 여행을 떠나거나 함께 게임을 하거나 영화를 보는 것처럼, 함께하는 활동들은 구성원 간의 친밀감을 형성하고 긍정적인 추억을 만들어 줍니다. 이와 더불어, 가족 구성원들이 솔직하게 마음을 열고 자신의 생각과 감정을 나누는 대화를 통해 서로를 더 잘 이해하고, 공감과 조화가 더욱 형성됩니다.

가족 내에서 문제가 발생했을 때, 협력하여 문제를 해결하는 과정 또한 가족의 유대를 강화하는 중요한 요소입니다. 서로의 의견을 존중하고, 함께 문제 해결을 위해 노력하는 과정에서 가족 간의 결속력이 더 단단해집니다. 이러한 방식으로 공감과 조화가 이뤄지면, 가족 간의 소통과 이해를 중요하게 여기는 환경이 조성되고, 서로를 지지하는 관계로 발전하게 됩니다.

감정적 지원 역시 중요한 역할을 합니다. 규칙적인 소통과 공감은 가족 구성원들이 신뢰할 수 있는 지원 체계를 갖추게 하며, 스트레스가 많은 시기에도 고립감과 불안을 줄여주는 역할을 합니다. 소통이 잘 되는 가정은 집단적으로 문제를 해결하는 능력도 더 뛰어납니다. 자원을 모으고 아이디어를 공유하며, 보다 효율적이고 창의적으로 문제를 해결할 수 있게 됩니다.

가족 구성원들이 자주, 그리고 의미 있는 상호작용을 통해 유대감을 강화하면, 그 안에서 연대감과 소속감을 느끼게 되며 이는 개인의 행복에 필수적입니다. 공감과 열린 소통을 실천하는 가족은 더 큰 회복력을 지닙니다. 이들은 삶의 부침을 잘 이겨내며, 모든 구성원들에게 안정적인 기반을 제공할 수 있습니다.

마지막으로, 이런 환경에서 자란 아이들은 공감과 소통의 중요성을 배웁니다. 그들은 이 가치를 자신들의 관계 속에서도 실천하게 되며, 이해와 지지의 문화를 이어가게 되면서 사회에서도 통솔력이 있어 지도자가 되는 경우가 많습니다.

가족을 이해하는 제 관점의 변화는 공감과 소통의 중요성을 더욱 강조하게 만들었습니다. 공존의 환경을 조성함으로써 가족들은 어려운 시기를 더 효과적으로 헤쳐 나가고, 연대 속에서 강한 힘을 발견할 수 있습니다. 이러한 조화는 개별 구성원들이 인생의 도전 속에서 서로를 지지하는 긍정적이고 양육적인 환경을 만들어낼 뿐만 아니라, 전체적인 사회적 복지에도 기여합니다. 오늘날 바쁜 세상 속에서 가까운 가족 관계를 유지하는 것은 그 어느 때보다 중요하며, 혼돈 속에서도 안정과 사랑의 등불로 작용합니다. 이 성찰과 이해의 여정에 함께 해 주셔서 감사합니다.

긍정적인 예는 다른 사람들에게 영감을 주고 동기를 부여하는 사람을 의미합니다. 다음은 몇 가지 긍정적인 예시입니다:

마하트마 간디

인도의 독립 운동 지도자로, 평화와 비폭력의 상징으로 알려져 있습니다. 그의 비폭력 저항 운동은 많은 사람들에게 영감을 주었습니다.

마리 퀴리

폴란드 태생의 물리학자이자 화학자로, 방사능 연구에 기여했습니다. 그녀는 최초의 여성 노벨상 수상자이며, 과학 분야에서 여성들에게 모범이 되는 인물로 평가받고 있습니다.

넬슨 만델라

남아프리카 공화국의 인권 운동가이자 정치가로, 인종 차별 철폐와 평화를 위해 헌신했습니다. 그의 용서와 화해의 메시지는 많은 사람들에게 감동을 주었습니다.

말랄라 유사프자이

파키스탄 출신의 여성 권리 운동가로, 여성 교육과 권리를 위해 싸워왔습니다. 최연소 노벨 평화상 수상자로서, 젊은이들에게 큰 영감을 주는 인물입니다.

오프라 윈프리

미국의 미디어 재벌이자 텔레비전 토크쇼 진행자로, 자신의 경험을 바탕으로 사람들에게 희망과 용기를 줍니다.

일론 머스크

스페이스X와 테슬라의 CEO로, 우주 탐사와 전기차 산업에 혁신을 가져온 인물입니다. 그의 비전과 도전 정신은 많은 사람들에게 영감을 줍니다.

테레사 수녀

자선 선교회의 설립자로, 가난하고 병든 사람들을 돌보는 데 헌신한 인물입니다. 그녀의 헌신과 자비는 많은 사람들에게 감동을 주었습니다.

이들은 각 분야에서 긍정적인 영향력을 미친 인물들이며, 각자의 위치에서 타인에게 영감을 주는 사람들입니다.

가족의 의사소통과 공감의 힘

제 인생을 돌아보며, 저는 가족 내에서 용서와 소통과 공감의 중요성을 깊이 깨닫게 되었습니다. 이러한 가치는 가족의 유대를 강화할 뿐만 아니라 갈등을 해결하고 삶의 어려움을 헤쳐나가는 중요한 틀을 제공합니다. 제 경험과 성경의 영원한 가르침을 반추하며, 소통과 공감이 가족 역학에 미치는 영향을 보여주는 두 가지 성경 이야기를 나누고자 합니다. 하나는 성공의 이야기이고, 다른 하나는 실패의 이야기입니다.

성공 : 요셉과 그의 형제들의 이야기

요셉과 그의 형제들의 이야기는 소통과 공감을 통한 화해의 강력한 예입니다. 요셉은 야곱의 사랑을 받는 아들이었지만, 질투에 눈먼 형들에 의해 노예로 팔렸습니다. 형들의 배신에도 불구하고, 요셉은 이집트에서 중요한 자리에 오르게 되었습니다. 몇 년 후, 심각한 기근이 닥치자, 형들은 먹을 것을 구하기 위해 이집트로 갔고, 그곳에서 요셉이 이제 바로의 고문이 되었음을 알지 못했습니다.

요셉이 자신의 정체를 형들에게 밝힐 때, 그는 복수를 택하는 대신 그들을 용서하기로 결정했습니다. 요셉은 형들의 후회를 이해하고 그들의 감정을 공감함으로써 진심 어린 화해를 이끌어냈습니다. 요셉의 과거에 대한 열린 소통과 용서의 표현은 가족 간의 유대를 회복시키는 데 중요한 역할을 했습니다. 이 이야기는 깊은 상처를 치유하고 갈등을 해결하는 데 있어 공감과 열린 대화의 변혁적인 힘을 보여줍니다.

실패 : 다윗 왕과 그의 아들 압살롬의 이야기

반면에, 다윗 왕과 그의 아들 압살롬의 이야기는 소통의 실패와 공감의 결여가 초래하는 비극적인 결과를 강조합니다. 압살롬은 그의 이복 형제가 그의 누이 다말을 범했을 때, 아버지 다윗이 그 부당함을 제대로 해결하지 못한 것에 크게 상처를 받았습니다. 시간이 지남에 따라 압살롬의 분노는 커졌고, 결국 다윗에 대한 반란을 일으키게 되었습니다.

이 반란은 잔인한 내전으로 이어졌고, 결국 압살롬의 죽음으로 마무리되었습니다. 다윗이 아들과 효과적으로 소통하지 못하고 그의 좌절감을 공감하지 못한 것은 파괴적인 갈등을 초래했으며, 그들의 관계를 무너뜨리고 가족을 분열시켰습니다. 이 이야기는 가족 구성원의 감정적 필요와 불만을 무시했을 때 발생할 수 있는 위험을 경고하고 있습니다.

이 두 성경 이야기는 건강한 가족 관계를 유지하는 데 있어 소통과 공감의 중요성을 강조합니다. 요셉의 이야기는 공감과 열린 소통이 가장 깊은 상처를 치유할 수 있음을 가르쳐 주고, 다윗과 압살롬의 비극적인 이야기는 이러한 요소들이 부족할 때 발생할 수 있는 심각한 결과를 경고합니다.

이러한 사례들을 통해 저는 가족 문제, 아무리 심각하더라도 공감적인 이해와 정직한 소통을 통해 해결할 수 있음을 배웠습니다. 다른 사람의 입장에서 생각하고, 감정을 나누고 불만을 솔직하게 표현하는 능력은 강한 가족 유대를 구축하고 유지하는 데 필수적입니다.

제 삶에서도 저는 가족 내에서의 공감과 소통이 주는 변혁적인 힘을 경험했습니다. 학업 때문에 중요한 가정 행사를 놓쳤을 때, 가족의 이해와 지원은 제 죄책감과 스트레스를 완화하는 데 큰 도움이 되었습니다. 그들의 공감은 신체적 부재가 우리 유대를 약화시키는 것이 아니라, 상호 이해로 인해 더욱 강화된다는 것을 보여주었습니다.

몇 년 후, 제 퇴임식에서 가족의 존재와 지지는 우리의 강한 유대를 다시 한 번 확인시켜 주었습니다. 제 형이 나눈 이해와 용서에 대한 진심 어린 이야기는 저에게 깊은 감동을 주었고, 가족의 조화로운 관계를 유지하는 데 있어 공감과 소통의 중요성을 다시 한 번 상기시켜 주었습니다.

이러한 경험들과 성경의 가르침은 가족 관계가 공감과 소통이라는 두 기둥 위에 세워져야 함을 더욱 확고히 깨닫게 해주었습니다. 열린 대화를 장려하고 공감을 실천하는 환경을 조성함으로써, 가족들은 더 효과적으로 삶의 어려움을 헤쳐 나가고, 연합을 통해 힘을 얻을 수 있습니다.

결론적으로, 요셉과 그의 형제들의 이야기, 다윗과 압살롬의 이야기는 가족 관계에서 공감과 소통의 중요성에 대한 시대를 초월한 교훈을 제공합니다. 가족 문제를 해결하는 길은 서로를 진정으로 이해하고 지지하는 능력에 달려 있음을 보여줍니다. 이 교훈을 되새기며, 가족 관계를 유지하는 힘과 회복력이 공감과 소통을 통해 더욱 강해질 수 있음을 깨닫게 됩니다.

3장

가족의 신뢰와 결혼

가족의 기본은 신뢰 위에 세워져야 한다 /

현대가족과 평생교육의 중요성 / 가족 경영의 실제 사례 /

가족의 중요성과 절대적 필요성 /

희망과 나눔과 기쁨을 키워볼 수 있도록 응원해야 합니다. /

MBTI 성격 프로그램과 의사소통 /

가족의 진정한 힘은 용서와 공감과 이해의 힘 / 인성 교육의 역할

저출산, 이혼 / 인성 교육 : 가치에 뿌리를 둔 솔루션 /

인성 교육과 저출산 / 인성 교육과 고령화 / 인성 교육과 이혼율 /

인성 교육 시행의 협력적 노력 / 평생학습 및 인성 교육 /

저출산과 프로그램 / 인성 교육 사례에 필요한 학업 지원 /

개인적인 여정. 변화하는 사회에서 가족의 가치 /

가족의 신뢰와 결혼의 중요성

가족의 기본은 신뢰 위에 세워져야 한다.

가족은 항상 제 인생의 중심에 있었고, 내가 누구인지, 어디에서 왔는지 잊어버릴 때 신뢰가 무너지기 쉽습니다. 가족은 제 여정 속에서 저를 바른길로 인도해 주었습니다. 시간이 흐르면서 가족에 대한 저의 관점은 발전했고, 그 본질에 대한 이해도 깊어져 갔습니다.

삶의 많은 것들이 변화하는 가운데, 저는 어떤 가족이든 가장 중요한 기초는 신뢰라고 믿게 되었습니다. 신뢰가 없다면, 가족을 묶어주는 유대가 쉽게 약해지고, 관계는 오해, 갈등, 그리고 거리감에 취약해집니다.

제 경험을 돌아보며, 신뢰가 우리 가족 회복력의 초석이 되었음을 깨닫게 됩니다. 자원이 부족하고 많은 도전 과제가 있었던 단순한 가정에서 자라면서, 신뢰는 우리를 하나로 묶어주는 끈이었습니다. 비록 어려움이 있었지만, 부모님은 서로에 대한 그리움 우리 자녀들에 대한 무한한 신뢰를 주셨습니다. 이 신뢰는 단순히 성실함이나 믿음에 관한 것이 아니라, 서로의 의도와 이해, 그리고 사랑을 먼저 믿는 것이었습니다. 바로 이 신뢰가 우리가 역경에 맞서 연대하고, 서로를 무조건 적으로 지지할 수 있게 한 원동력이었습니다.

삶을 살아가면서, 가족 관계에서 신뢰의 중요성이 더욱 명확해졌습니다. 중요한 가족 행사에 참석하는 대신 학업을 우선시하는 어려운 결정을 내려야 했을 때, 우리를 통해 그 도전을 극복할 수 있었던 것은 서로에 대한 신뢰였습니다. 가족은 저의 헌신을 이해하고, 제가 항상 사랑과 존경의 마음으로 선택한다는 것을 알고 저의 결정을 지지해 주었습니다. 이 신뢰는 오해를 극복하고, 가족의 끈끈한 관계를 유지할 수 있게 해 준 힘의 기초가 되었습니다.

신뢰의 중요성을 생각하면서, 우리는 현대 가족과 결혼의 변화하는 역학을 신중하고 고려해야만 합니다. 오늘날 우리는 제품을 구입할 때 매뉴얼과 지침을 제공받지만, 놀랍게도 결혼을 위한 지침은 제공되지 않는 세상에 살아가고 있습니다.

우리는 새로운 장치를 어떻게 조작할지에 대한 설명서를 받지만, 인생에서 가장 중요한 약속 중 하나인 결혼에 대해서는 스스로 생각하고 방향을 설정해야 하는데 이를 가이드해 줄 매뉴얼이나 자격증이 없다는 것이 현실입니다.

결혼은 단순한 계약이 아니라 평생을 함께하는 깊은 유대 관계입니다. 신뢰가 없다면, 이러한 유대는 갈라지기 쉽고, 결혼 생활은 외부적인 도전과 내부적인 갈등에 쉽게 무너질 수 있습니다. 신뢰는 가족의 중심이자, 어려운 시기를 함께 이겨내게 해 주는 기반입니다.

결혼 생활에 대한 가이드는 단순히 필요할 뿐만 아니라 필수적이라고 믿습니다. 결혼은 복잡하고 끊임없이 진화하는 관계로, 강력한 신뢰, 의사소통, 그리고 공유된 가치관이라는 기초 위에 세워져야 합니다. 하지만 많은 사람들은 결혼이 실제로 무엇을 의미하는지, 그리고 그것을 어떻게 지속적으로 유지할 수 있는지에 대한 충분한 이해 없이 결혼에 들어갑니다. 이러한 준비 부족은 오해와 갈등을 초래할 수 있으며, 결국 신뢰의 붕괴로 이어질 수 있습니다.

결혼 생활에 대한 지침의 필요성은 새로운 개념이 아닙니다. 예를 들어, 성경은 결혼의 신성함과 남편과 아내의 역할에 대해 다양한 가르침을 제공합니다. 아담과 이브의 이야기는 결혼 관계에서 우정, 상호 지지, 그리고 신뢰의 중요성을 강조합니다. 마찬가지로 유교는 가족 구조 내에서 단합, 존경, 그리고 의무의 중요성을 강조합니다. 전통적인 결혼 관행 역시 문화적 규범과 의식을 통해 부부 사이의 조화와 이해를 촉진하려고 노력하였습니다.

그러나 이러한 가르침들이 귀중한 통찰을 제공하긴 하지만, 그것들은 당시의 맥입니다. 저는 신뢰가 부부가 어려움을 극복하고, 서로와 함께 성장하며, 상대방의 존재에서 힘을 찾을 수 있게 해 줄 것이라고 믿습니다.

이 가이드를 제안하면서, 제 자신의 삶의 경험과 관찰을 바탕으로, 미래 세대가 어려움 없이 행복한 결혼 생활을 할 수 있도록 돕는 시간을 갖고 싶습니다. 저 역시 결혼 생활에서 준비와 이해의 부족으로 인해 많은 어려움을 겪었지만, 적어도 어느 정도의 행복을 즐길 수 있기를 진심으로 바라며 이 글을 쓰고 있습니다.

오늘날 우리는 결혼에서 다양한 도전과 기대를 마주하고 있습니다. 그렇기 때문에 저는 현대에 맞는 결혼 가이드라인을 개발해야 한다고 생각합니다.

이러한 가이드라인은 엄격한 규칙이 아닌, 건강하고 신뢰가 가득한 관계를 구축하고 유지하는 데 도움이 되는 기본 지침이어야 합니다. 여기에는 의사소통, 갈등 해결, 재정 관리, 개인 목표와 공유된 목표 사이의 균형 잡기 등 핵심 측면이 포함되어야 합니다.

특히 이 가이드라인은 결혼의 기초가 되는 신뢰를 쌓는 것을 강조하며 신혼부부에게 어떤 일이 생기면, 그 종목에 맞는 전문 강사를 초빙하여 도움을 주고, 상처가 있다면 그것을 치유할 수 있는 프로그램을 제공합니다. 신혼부부의 삶이 행복하길 바라며, 용기 있게 우리의 경험을 미래세대에 전달합니다. 여러분이 이 책을 읽고, 교육 기관에서 과정을 완료하고, 자격증을 얻어, 얼마나 큰 변화를 만들 수 있는지는 교육을 받고 나면 알게 될 것이라고 생각합니다.

저의 결혼 생활에서 신뢰는 생명과도 같은 것이었고 그것을 극복할 수 있는 열쇠였습니다. 이를 통해 우리는 개방적으로 소통하고, 서로의 꿈을 응원하며, 인생의 불확실성에 맞설 용기를 서로 격려해야 합니다.

가족과 결혼에 대한 우리의 관점이 계속 되려면 이러한 관계의 기초로서 신뢰의 중요성을 인식하는 것이 중요하며, 우리가 앞으로 마주할 모든 도전을 예측할 수는 없지만, 적절한 도구와 이해로 자신과 관계를 준비할 수 있습니다. 전통적인 지혜와 현대적 현실에 기반한 결혼 가이드북은 부부가 평생의 여정을 시작하는 데 필요한 지원을 제공할 수 있으며, 신뢰와 소통을 기반으로 한 우리의 결혼은 단순히 살아남는 것이 아니라 행복하게 오래도록 지속될 수 있는 견고한 기반 위에 세워질 수 있어야합니다.

100세 시대 재테크 전문교육과정과 재무관리

 100세 시대를 대비한 전문 금융 교육 과정은 금융 목표 설정, 다양한 금융 상품에 대한 지식 습득, 투자 전략 수립, 세금 및 법률 지식 이해, 자산 관리, 은퇴 계획 수립, 그리고 지속적인 학습과 최신 금융 시장 동향에 대한 업데이트 등을 포함하고 있습니다. 이 과정은 안정적인 소득을 제공하는 연금 상품을 중심으로, 신청금 납입에 따라 연금을 수령하며, 연금 수령 방법은 일시금 또는 정기적인 지급으로 유연하게 선택할 수 있습니다. 또한, 투자 위험을 줄이고 세금 혜택을 받을 수 있는 장점도 있으며, 각 금융 기관에 따라 조건과 혜택이 다를 수 있으므로 세부 사항은 관련 기관의 안내를 참고하는 것이 좋습니다.

기초연금이란

 현재 고령층에 속한 사람들은 자녀들을 부양하기 위해 경제 활동에 전념하며 열심히 일하고 있지만, 이제는 은퇴 연령에 도달했음에도 불구하고 많은 사람들이 국민연금에 가입하지 못하고, 은퇴 후를 위한 계획도 부족한 상황에 있습니다. 이러한 문제를 해결하기 위해 공정한 연금 혜택을 제공하는 시스템을 마련하고자 합니다. 이러한 준비를 통해서만 우리는 행복한 노년을 보낼 수 있으며, 세대가 함께 걷는 길에서 행복한 삶을 추구할 수 있습니다.

우리보다 먼저 고령화 사회에 진입한 일본의 경우, 심각한 국가적 어려움에 직면한 기업들은 저출산, 고령화, 그리고 증가하는 청년 노동력에 대응하기 위해 60세 이상의 노동자들의 근로 조건을 개선해야 했습니다. 일본은 내부적으로 출산율을 높이고 여성 및 정체된 노동정책을 시행하여 외부 및 내부 인력이 항상 유입될 수 있도록 활동 목표를 개선하려고 노력하고 있습니다.

반면 우리는 모든 인력 문제를 내부적으로 해결하려 했고 출산율 증가를 위한 많은 대책을 내놓았지만, 명백히 실패한 것이 드러났습니다.

현대가족과 평생교육의 중요성

오늘날 빠르게 변화하는 세상에서 가족과 결혼의 개념은 크게 변화했으며, 나이 든 세대는 이러한 변화를 이해하는 데 어려움을 겪고 있습니다. 이러한 이해의 격차는 단순한 세대 간의 차이뿐만 아니라 전통적인 학교 교육의 한계를 반영하기도 합니다.

학교에서 가르치지 않는 문제들은 평생교육을 통해 해결해야 하며, 특히 결혼과 가족을 둘러싼 새로운 사회적 규범과 가치에 적응하는 데 있어 평생교육의 중요성은 더욱 강조됩니다.
경기대학교 대학원장 엄길청 박사는 경제 가이드북에서 "왼손은 다른 사람을 돕고, 오른손은 자녀를 보호하라. 두 손으로 기도하며 빈손으로 사는 당신이 진정한 100년 인생의 승자다."라고 강조하며, 이것이 경제적인 지침임을 강조했습니다.

그는 또한 자산 관리가 아닌 '애셋 매니지먼트(asset management)'가 중요하다고 언급하며, 나이가 들수록 주식은 더 나아지고, 부동산은 인생의 변화를 알게 된다면 노후가 보일 것이라고 설명했습니다. "진정한 행복은 땀에서 나온다"라는 메시지와 함께 그는 베이비붐 세대에게 부활의 메시지를 전하며, 돈으로 시간을 살 수 없지만 살아있는 시간이 늘어나고 있다고 강조했습니다.

시간이 어느 순간 돈으로 변할 수는 있지만, 돈으로 시간을 되돌릴 수는 없습니다. 시간이 지나가는 것에 한숨을 쉴 것인가, 아니면 용기 있게 일어설 것인가는 나의 선택에 달려 있습니다. 준비를 잘하고 나서 후반전이 부족했다면, 연장전에 돌아와서 패배의 부활을 이룰 수 있을 것입니다.

장수 사회를 준비하는 데 있어 중요한 것은 인간의 수명이 길어지고 일할 기회가 줄어드는 상황에서 어떻게 인생을 계획하고 준비할 것인가입니다. 엄길청 박사는 자금의 수명을 고려할 때, 적어도 70세까지는 경제 활동에 참여해야 한다는 마음가짐이나 태도가 필요하다고 믿습니다.

오랜 시간 학교를 떠나 있던 노인들은 결혼과 가족 생활에 대한 변화하는 관점을 따라가는 데 어려움을 겪습니다. 그들의 세계관은 자신들이 어린 시절 경험하고 배운 사회적 기대와 가치에 의해 형성되었기 때문에, 오늘날과는 매우 다른 사회적 규범에 기반을 두고 있습니다. 그 결과, 더 현대적이고 다양한 세상에서 성장한 자녀들과의 시각 차이가 자연스럽게 생겨나며, 이는 가족 내에서 갈등을 일으킬 수 있습니다.

만약 전통적인 역할과 책임에 대한 개념을 현대적인 동반자 관계와 평등의 개념과 결합한다면, 우리는 빠른 시일 내에 노령화 시대의 절정에 이를 것입니다. 전문가들은 앞으로 2~3년이 매우 중요한 시기라고 예측하고 있습니다. 자산 관리 시대라 불리는 이 시대에서 노년 세대는 가장 나이가 많은 시대를 받아들이고, 살아가는 날까지 죽음을 준비해야 한다고 믿습니다. 또한, 진정한 행복은 땀에서 나오며, 건강이 유지되는 한 일을 해야 한다고 강조합니다. 열심히 일하고 땀을 흘릴 때만 건강과 사고 방식을 유지할 수 있다고 생각합니다.

평생교육은 이러한 도전에 대한 해결책에 대한 프로그램을 제시합니다. 우리는 평생교육이 변화하는 가족 및 결혼 역학에 적응하는 데 있어 노년층에게 현재 삶과 관련된 학습 기회를 제공함으로써 이들이 적응할 수 있도록 도울 수 있다고 믿습니다. 이 교육은 단순히 새로운 지식을 습득하는 것이 아니라, 오늘날의 현실에 더 부합하는 태도와 신념을 재구성하는 과정입니다.

평생교육이 큰 영향을 미칠 수 있는 중요한 분야 중 하나는 가정 교육 커리큘럼입니다. 전통적인 학교 커리큘럼은 주로 학문적인 주제에 중점을 두며 실질적인 생활 기술과 가족 역학에 대한 교육은 부족한 경우가 많습니다. 급 변화하는 이 시대에 가족이 변화되어야 우리의 교육 접근 방식도 쉽게 적응 한다고 믿습니다. 평생교육은 핵가족과 고령화 사회의 필요에 맞춘 실용적인 가족 교육을 제공함으로써 이러한 격차를 해소할 수 있으며 가족 경영 3세대가 서로 공유와 공감하며 소통할수 있습니다.

예를 들어, 부모가 사회생활 일과 가정 생활의 균형을 맞춰야 하는 핵가족에서는 평생교육이 효과적인 양육 전략, 의사소통 기술, 갈등 해결에 대한 지침을 제공할 수 있습니다. 이는 건강한 가정 환경을 유지하는 데 필수적인 도구이지만, 공식 교육청에서는 평생교육을 통해 부모는 이러한 기술을 배우며 익혀 자녀의 교육에 지도 하여 매우 안정적이고 양육적인 가정을 만들 수 있다고 봅니다.

또한, 조부모와 확대가족의 역할이 점점 더 중요해지는 고령화 사회에서는 평생교육이 중요한 역할을 할 수 있습니다. 노년층은 젊은 세대의 필요와 도전을 이해하고 더 나은 지원과 지도를 제공할 수 있는 과정을 통해 많은 도움을 받을 수 있습니다. 평생교육은 또한 건강 관리, 재정 계획, 세대 간 관계와 같은 고령화와 관련된 문제들을 다루어 노인들이 가족과 지역사회에서 활발히 활동하고 참여할 수 있도록 돕습니다.

더 나아가, 평생교육은 결혼과 가족의 변화하는 본질에 대해 논의할 수 있는 플랫폼을 제공할 수 있습니다. 성 역할, 일과 삶의 균형, 그리고 관계에 미치는 기술의 영향과 같은 주제를 탐구함으로써 이러한 프로그램은 노년층이 자녀와 손자세대가 겪고 있는 변화를 이해하고 수용할 수 있도록 도울 수 있습니다. 이러한 이해는 가족 내에서 공감을 키우고 갈등을 줄이는 데 중요합니다.

평생교육은 단순히 개인 개발을 위한 도구가 아니라, 빠르게 변화하는 세상에서 건강하고 조화로운 가족 관계를 유지하는 데 필수적인 조건입니다. 우리 사회가 계속해서 변화함에 따라 우리의 교육 접근 방식도 진화해야 합니다. 노년층에게 새로운 가족 역학에 적응하는 데 필요한 지식과 기술을 제공함으로써 평생교육은 그들이 가족의 일원으로서 연결되고 지지할 수 있도록 합니다. 이는 세대 간의 격차를 메우고, 가족 내에서 이해와 공감, 그리고 공동의 목적 의식을 촉진합니다.

평생교육을 통해 우리는 현대의 빠른 변화에 더 잘 대처할 수 있는 강하고 회복력 있는 가족을 만들 수 있습니다.

가족 경영의 실제 사례

가족의 역할

가정 경영에서는 각 가족 구성원이 자신의 역할을 이해하고 수행하는 것이 중요합니다. 예를 들어, 부모는 가정 경영 전략을 자녀에게 맞추도록 돕는 역할을 맡을 수 있습니다. 또한, 가족 구성원들은 서로를 지지하고 격려하며, 가정 사업을 성공적으로 이끌기 위해 협력해야 합니다.

갈등 해결 방법

가정 경영에서 가족 구성원 간의 갈등이 발생할 수 있습니다. 이러한 상황에서는 기본 베이스가 용서와 공감 응원입니다. 가족 구성원들이 서로의 의견을 존중하고 상호 대화를 통해 갈등을 해결하는 것이 중요합니다. 예를 들어, 가족이 함께 모여 의견을 나누고 합의를 도출하는 회의와 같은 방법을 사용할 수 있습니다. 이러기 위해서는 기본으로 용서가 되어야하고 상대 배려와 실뢰가 기본으로 하되 가족은 용서가 수반되지 않으면 언성만 높아집니다. 한번에 문제를 해결하려고 해서도 안됩니다. 기다려주고 잘 할수 있도록 기회를 한번만이 아닌 여러번 주면서 잘 할수있도록 자립심을 길러 줄수 있도록 해주는 것이 가족입니다.

가족은 잘 할 때까지 케어 해주고 다시 설수 있도록 응원이 갈등에 해결 방법입니다. 욕심도 내서는 안되고 한번 봐주었다고 다가 아니고 잘 할때까지 지속적으로 해 주다 보면 가족은 언제가는 응원과 지지에서 나도 모른사이에 우뚝 오뚜기처럼 성장하게 됨을 알 수 있습니다. 그래서 우리는 결혼을 의무적으로 하게 되면 우리가 새로운 삶에서 행복을 누리게 될 수 있습니다.

교육과 성장

전 경기대학교 대학원장 엄길청 박사는,

"아는 것이 힘이다. 지식은 소리 없이 강하다. 이것은 내가 살아가면서 자주 듣는 삶의 조언 중에 하나이다. 대학원에서 다양한 학자들과 함께 연구하고, 열정적으로 지식과 정보화 시대에서 정보가 있는 곳으로 나가야 하며 공부하며 살아야 한다"

고 하셨습니다.

저는 서울 서울미래지식교육원을 설립하여 평생교육자로서 코로나19로 인해 전 세계가 얼어붙었던 시기에도, 책을 읽고 배우기를 선택하며 터득한 것은 모든 문제의 해결은 책속에 있다고 생각합니다. 사람들은 많은 정보를 얻고 시대에 맞추어 어떤 공부를 해야 할지 알아야 합니다. 현제 정보화시대는 정보가 우선이고 정보가 있는 곳으로 나와서 배우기만 하면 내가 설 자리가 생기며 자아 발전이 되므로 행복하게 된다는 사실을 여러분에게 전파하고 있습니다.

 그러나 사람들과 카페에 앉아 여유로운 시간을 보내는 사람들에게는 또 다른 정보를 교환하는 것도 있겠지만 의미 없이 앉아 있는 사람을 볼 때면 마음이 아팠습니다. 사람들은 생각을 바꾸어 무엇이든 배움에 욕심을 부려보는 분류와 그냥 즐기는 것이 삶이라고 하는 사람도 있습니다. 배움이 희망이고 보람된 삶을 만들 수가 있습니다. 행복은 사람들이 땀을 흘리고, 일하며, 공부를 통해 지식을 얻을 때 온다고 믿습니다.

 다른 사람들이 말하는 것을 마치 지식인 양 흉내 내는 사람들이 많습니다. 교육은 우리가 실제로 배우고 가르치는 것입니다. 코로나19로 인해 살아남고 돈을 벌 수 있었던 사람들은 공부했던 사람들이라는 것을 모두가 알고 있습니다.

 세상이 너무 빠르게 변화하고 있어 공적 복지 체계만으로는 긴 삶을 예측하기가 어렵습니다. 여러분의 가족이 행복해지려면 가족과 함께 배우는 길을 행복하게 나누어야 합니다. 하지만 지혜롭고 현명하게 걷는 길은 책 속에서 찾을 수 있습니다.

 배움은 우리의 마음을 성장시킬 수 있습니다. 심지어 짧은 갈등도 가정 경영에서의 교육을 통해 아이들의 교육과 성장에 긍정적인 영향을 미칠 수 있습니다. 예를 들어, 아이들은 가정 경영을 통해 경영 원칙, 책임감, 팀워크를 배울 수 있습니다. 또한, 가족 구성원들이 함께 일하고 협력함으로써 아이들은 가족 간의 유대감과 상호 지원을 경험하며 성장할 수 있습니다.

가족의 중요성과 절대적 필요성

◎ 부부를 중심으로 한집안을 이루는 사람들

가족을 부양하는 의미는 무엇일까? 그 의미를 생각해 보자. 단순히 먹을 것을 채우는 것만으로 부양의 의무를 다했다고 볼 수 있을까? 가족을 부양한다는 것은 물질적인 것을 채워주는 것이 아니다. 감정적인 부분을 채워주고, 부부와 자녀 상호간에 성장을 도와주어야 한다.

감정적 지원

가족은 개인에게 안전하고 지지적인 환경을 제공합니다. 어려운 시기에 가족의 지원은 큰 힘이 될 수 있습니다.

사회적 정체성

가족은 개인의 사회적 정체성을 형성하는 데 중요한 역할을 합니다. 가족의 전통과 가치는 개인의 행동과 사고방식에 큰 영향을 미칩니다.

교육과 성장

저는 가족이 첫 번째로 시작하는 가족 경영이라고 생각합니다. 기본적인 사회적 기술과 도덕적 가치는 가족 구성원 간의 상호작용을 통해 배우게 됩니다.

신체적 안전

가족은 개인이 아니라 전체 가족이 함께 질병을 앓는 구성원이 있을 때 장기 이식을 받는 등 건강과 관련하여 중요한 역할을 합니다. 따라서 가족은 신체적 안전을 보장하는 데에도 중요한 역할을 하며, 우리를 사랑하는 가족의 보호 아래 자라며 신체적으로도 보호받게 됩니다.

경제적 지원

가족 구성원은 경제적 지원을 제공할 수 있습니다. 특히 어린 아이와 노인 같은 취약한 구성원에게 필수 자원과 도움을 제공할 수 있습니다. 그러나 이것은 자녀를 양육할 경우 부모에게 생활비를 지원하거나, 노령으로 인해 경제적으로 어려움을 겪고 있는 부모에게 지원을 제공하는 프로젝트입니다. 그러므로 부모가 자녀에게 투자하고 가르친다면, 경제적으로 강하지 않거나 건강이 좋지 않은 부모를 돌보는 것도 필수적인 가족 경영이라고 말하고 싶습니다.

가족의 중요성과 절대적 필요성은 매우 크며, 가장 강력한 방법은 가족의 가치를 강조하고, 가족 경영을 통해 저출산율과 이혼율을 줄이며 부모와 자녀 간의 소통, 이해, 인정을 독려하는 것입니다.

◎ 부모와 자녀간의 개선과 상호 존중을 위한 실용적인 조언과 사례

가정을 위한 자격증을 준비하는 것이 저출산 문제를 해결하고 문제 청소년 문제를 줄이는 데 큰 도움이 될 것이라고 생각합니다. 저는 결혼 자격증이 반드시 필요한 자격이라고 생각합니다.

◎ 가족을 위하여 언제나 서로를 응원하며 성장할 수 있는 방법

가족이 서로를 지지하고 함께 성장할 수 있는 다양한 방법이 있습니다. 다음은 그 실행 가능한 단계들입니다.

정기적인 가족 식사

서로의 목표와 걱정을 나누는 시간을 가지세요. 각자의 이야기를 듣고 서로를 응원하는 것이 중요합니다. 이러한 대화를 통해 가족은 더 단단한 유대감을 형성할 수 있습니다.

가족 구성원의 희망과 목표 공유

각 가족 구성원이 자신의 목표를 가족과 나눌 수 있도록 하세요. 목표를 공유함으로써 중도에 포기하지 않도록 격려하며, 서로의 목표 달성을 위한 응원으로 지지해 주는 것에 점검하고 늘 따뜻한 응원 필수 입니다.

서로의 관심사에 관심 표현

가족 구성원의 취미와 관심사를 존중하고 지지해 주세요. 가족은 각 구성원이 성장할 수 있는 환경을 제공해야 하며, 부족한 부분을 채워주고 보완하는 역할을 해야 합니다.

가족 활동 계획

가족이 함께할 수 있는 활동을 계획하세요. 예를 들어, 스포츠, 여행, 요리나 예술과 같은 활동을 통해 가족 구성원들이 서로를 지지하고 소통할 수 있습니다.

긍정적인 피드백 제공

서로의 성과를 인정하고 칭찬하는 습관을 기르세요. 작은 성과라도 긍정적인 피드백을 주는 것은 큰 격려가 되며, 가족 간의 신뢰와 행복을 쌓는 데 큰 도움이 됩니다.

실패에 대한 공감

이해하기 어렵더라도 가족 구성원에게 공감하고 어려운 시기에는 격려와 지지를 보내 주세요. 실패를 통해 성장한다고 하지만 그 과정에는 마음의 상처도 따릅니다.

가족성장 위한 학습기회 제공

가족이 관심 있는 분야에서 더 발전할 수 있도록 교육과 학습 정보를 제공하세요. 이를 통해 가족은 함께 성장하고 협력하는 기회를 얻을 수 있습니다.

가족이 함께하는 공동 프로젝트

가족이 함께 할 수 있는 프로젝트를 계획하고 실행해 보세요. 예를 들어, 가드라인이나 운동 프로젝트를 통해 협력하고 소통할 수 있습니다.

감사 표현

서로에게 자주 감사의 마음을 표현하세요. 작은 것에도 감사를 표함으로써 관계가 더 깊어지고, 가족 간의 사랑과 존중이 쌓입니다. 가족은 하찮은 것에도 감동이 생기고 하찮은 것에 섭섭할 수가 있습니다. 가족은 용서가 베이스로 두고 솔직하게 갈등을 해소 할 수 있습니다. 가족과는 자존심보다는 인정이 최고의 보약입니다.

가족에서 더욱 중요한 것은 용서와 공감 응원 일관성과 진정성입니다. 가족 간의 정서적 지지 서로의 감정을 나누고, 어려운 시기에 함께하며 서로를 지지하는 것이 중요합니다. 힘든 순간을 함께하며 가족의 유대는 더 강해지고 사랑으로 채워질 수 있습니다. 힘들 때 함께 해주는 것은 살면서 두고두고 가슴에 지울 수 없이 감사함을 느낄수 있습니다.

　가족은 지인이나 학연과는 다르게 웬만한 실수는 수도 없이 봐 줄 수 있는 깊이 있는 신뢰가 쌓일 수 있어야합니다. 가족은 끈끈한 인정과 폭 넓은 베품이 쌓여서 가족이란 둥지가 되어 오랜 세월 지속된다고 생각합니다. 한 번 잘 해주고 그걸 두고두고 얘기하면 오히려 안 해준 것이 더 나은 일일 수도 있습니다. 가족은 잘 할때까지 응원과 지지로서 잘 될 때까지의 뒷받침이 되어야 합니다.

　이러한 방법들을 통해 가족이 서로를 지지하고 함께 성장할 수 있는 환경을 만들 수 있습니다. 중요한 것은 용서와 공감 응원 일관성과 진정성입니다.

> 희망과 나눔과 기쁨을 키워볼 수 있도록 응원해야 합니다.

사랑만으로 결혼한 후, 새로운 환경과 문화에 적응하며 정착하는 것이 쉽지 않습니다. 서로에게 적응하기 위해서는 많은 노력이 필요합니다. 하지만 갑자기 아이가 태어나게 되고, 시어머니와 부모님도 챙겨야 하고, 나의 가족도 돌봐야 합니다.

이때, 가족을 가볍게 생각하기 어렵습니다. 서로의 성격을 잘 모르는 상태에서 새로운 가족들도 어울린다는 것은 매우 힘든 일입니다. 결혼을 하였지만, 예전처럼 친구들을 계속 만나고 싶을 때도 있습니다. 하지만 결혼 후 새로운 가족과 어울리고 함께 하려면 이러한 부분들을 정리해야 할 필요가 있습니다. 이것은 단순히 나와 너의 집이 아니라, 하나의 가족 경영체이기 때문입니다. 그런 점에서 결혼이란 가볍게 생각해서는 안됩니다.

사실 많은 여성들이 대학교를 졸업하거나 일정 시간 직장 생활을 하게 되면 얼마지나지 않아 결혼할 시기가 됩니다. 그러나 이렇게 급격한 환경 변화로 인해 아이를 낳고 키우는 것은 쉽지 않습니다.

결혼 전에는 하늘의 별처럼 보였던 남편이나 아내가 하루아침에 달라질 수 있습니다. 이때 사랑이 식은 것이 아니고 현실을 직시해야 하는 빨리 깨달아야 합니다! 가족은 가정이 아니라 하나의 스타트업이라고 현실을 자각하고 결혼 생활을 독립적으로 이끌어 나가야 합니다.

결혼 생활에서 자아 문제가 생기면 갈수록 결혼이 어려워지고, 여성은 아이를 낳고 키워야 하는 현실에 직면하게 됩니다. 두 사람이 적절한 계획을 세우지 않으면 가족 경영은 쉽게 무너지고 결국 이혼으로 이어질 수 있다고 생각합니다. 우리가 살아가는 현실을 직시하고, 우리가 내린 선택에 대한 책임을 질 수 있는 능력을 가질 때 비로소 가족 경영에 대한 책임을 다 할 수 있을 것입니다. 가정을 이끌어가는 것에 책임과 노력 없이 그냥 되는 것은 없습니다. 아픈 만큼의 슬픔과 용서와 소통이 되어 비로소 현 생활을 직시 할수 있으며 내일은 내가 선택한 만큼의 내가 해결하고 안고 가야한다는 굳은 마음 가짐이어야합니다.

과거에는 가부장적 사회에서 남편들이 늦게까지 일하고 가정을 돌볼 시간이 없었습니다. 하지만 오늘날은 사회가 점차 모계 사회 중심으로 변화하면서 남편들이 가정에서 더 많은 도움을 주고 있지만, 여전히 일과 가정 사이에서 균형을 맞추기가 어렵습니다.

이러한 현실은 저출산율과 이혼율의 증가로 이어지고 있으며, 이는 현대 사회가 직면한 중요한 과제입니다. 또한 높은 사교육비와 가정 운영의 부담은 이 문제를 더욱 복잡하게 만듭니다.

이 문제를 해결하기 위해서는 여성과 남편 모두가 충분히 쉬고 재충전할 시간이 필요합니다. 그런곳이 가정 이라고 생각합니다. 결혼을 하고 가정을 꾸려 나가는데 있어 더 효과적으로 대처할 수 있습니다.

이를 위해 대학생들이나 결혼을 앞둔 청춘 남녀들에게 결혼 생활의 이론과 실무를 결합한 '결혼 가이드'가 반드시 필요합니다. 이러한 교육을 받은 사람들은 결혼의 언행을 보다 잘 준비할 수 있으며, 비슷한 상황에 처한 사람들과 경험을 공유하며 서로 공감할 수 있게 됩니다. 가족 간의 오해, 특히 장모와 사위 간의 부정적인 감정은 결혼에 해를 끼칠 수 있기에 이런 문제를 예방하는 것도 중요합니다.

결혼 가이드는 승진 자격증과 마찬가지로 필수적이며, 이를 통해 저출산율과 이혼율을 줄이고, 사회적 문제들을 완화할 수 있습니다. 결혼 생활의 자격증 마련함으로써 부부가 결혼 생활을 더 잘 준비하고 문제를 극복할 수 있을 것입니다. 또한, 결혼 자격증을 이수한 사람들에게는 결혼식장 예약 시 우선권을 주는 등의 혜택을 제공함으로써, 결혼 자격증의 중요성을 사회적으로 장려할 수 있습니다.

　다음 장에는 결혼 준비시기 예비부부나 부부를 위해 할 수 있는 프로그램 중 하나인 MBTI를 활용한 의사소통 프로그램을 소개해 보려고 합니다.

MBTI 성격 프로그램과 의사소통

개요

- **프로그램명**: MBTI 성격에 따른 부부간의 의사소통 개선법 프로그램

1. 나의 MBTI 유형 : 강점과 약점을 알아보자

자신의 MBTI 유형을 파악하면 자신과 타인을 더 잘 이해할 수 있습니다. 자신의 강점과 약점을 명확히 인지하고 이를 바탕으로 목표 설정, 커뮤니케이션 방식, 업무 스타일 등을 개선할 수 있습니다.

2. 나의 성향과 발전 방향 : MBTI로 나를 발전시키자

MBTI는 단순히 성격 유형을 나누는 것 이상의 의미를 지닙니다. 자신에게 맞는 학습 방식, 직업 선택, 리더십 스타일, 인간 관계 개선 등 다양한 측면에서 실질적인 도움을 줄 수 있습니다. MBTI를 활용하면 자신의 성향에 맞는 학습 전략을 수립하고, 장점을 극대화하고 단점을 보완하는 방향으로 발전할 수 있습니다.

3. MBTI 활용 사례 : 다양한 분야에서 활용되는 MBTI

MBTI는 직장, 학교, 가정 생활 등 다양한 분야에서 활용되고

있습니다. 직장에서는 팀워크 향상, 리더십 개발, 직무 적합성 평가, 효과적인 의사소통 등에 활용됩니다. 학교에서는 학습 스타일 파악, 진로 상담, 학습 효율 증진에 도움을 줄 수 있습니다. 가정 생활에서는 부부 관계 개선, 자녀 양육 방식, 가족 구성원 간의 이해 증진 등에 활용될 수 있습니다.

4. MBTI 활용의 한계 : MBTI에 대한 오해와 편견

MBTI는 유용한 도구이지만, 절대적인 기준이 아닙니다. MBTI 결과는 개인의 성격을 완벽하게 설명할 수 없으며, 개인의 노력과 환경에 따라 변화할 수 있습니다. 또한, MBTI는 고정적인 프레임이 아닌, 개인의 성장과 발전을 위한 지침으로 활용해야 합니다.

기관명	서울미래지식평생교육원	교육 횟수	(2부) 5~8회
업종	평생교육기관	교육 기간	4주
교육과정명	결혼준비교육	교육 시간	매주 토 10:00-12:00(2H)
교육대상	예비 및 신혼기 부부 지역주민 기혼부부 함께 미팅하기 (50명)		

구분 (회차)	교육일자 (시간)	교과목명	교육내용	교수학습방법	준비물
5회차	(토) 10:00 -12:00	실기 및 결혼과 가족에 대한 이해를 실기로 다뤄보기	- 가족 구성원들 간의 솔직하고 열린 대화를 통해 서로의 감정과 생각을 이해하는 것 - 가족간의 소통 중요함 - 중요공감 : 상대방의 입장에서 생각하고 용서와 공유, 공감하는 노력을 기울이는 것이 중요 - 가족이 되기 위한 열린 마음으로 - 가족간의 집안 들먹이지 않기		결혼준비 상태 검사지

구분 (회차)	교육일자 (시간)	교과목명	교육내용	교수 학습 방법	준비물
6회차	(토) 10:00 -12:00	성 역할과 부부관계	- 성에 대한 서로 성향 다 름을 이해하기 - 성 별의 역할 구별 - 성 별의 집안 분담	강의 활동 토론	성격 특성 검사지

7회차	(토)
	10:00
	-12:00
		부부간의
		기술 소통의
		방법
			- 대화의 방법
			  대화는 주고 받기
			- 갈등해결을 위한 기구
			  게임 동원하여
			- 대화는 공간 장소
			  쾌적함 중요
			- 부부간의 실습 서로 타협
				강의
				활동
					대화
					진단표

8회차	(토)
	10:00
	-12:00
		문제 해결
		방법
			[사랑]
			- 서로의 요구와 욕구를
			  존중하고 타협점을 찾는
			  방법
			- 문제 해결: 갈등을 해결하
			  기 위해 함께 문제를 분석
			  하고 해결책을 찾는 것이
			  중요함
			- 가족 활동: 함께 시간을
			  보내고 즐거운 활동을
			  공유하는 것이 중요
			- 점검하기
			- 전문가의 도움: 필요한
			  경우 가족 상담이나 전문가
			  의 도움을 받는 것 중요함.
				강의
				활동
					대화
					진단표

가족의 진정한 힘은 용서와 공감과 이해의 힘

오늘날 진정한 가족의 힘은 서로 간의 공감과 소통에서 나옵니다. 어려운 시기에 서로를 지지하고, 기쁜 순간을 함께 축하하는 것은 가족의 유대를 더욱 견고하게 연결해 줍니다. 진정한 관계에서는 서로의 감정을 이해하고 존중하는 것이 중요한 역할을 합니다.

인생은 예기치 못한 도전들을 우리에게 던져주며, 그런 순간마다 가족은 진정으로 돌보고 지지해 주는 존재입니다. 대학원에서 학업에 집중해야 했던 시기에도, 급격한 변화 속에서 내가 가족을 이해하는 방식과 사랑 속에서 희생을 감내하는 공감의 중요성을 깨닫게 되었습니다. 이는 가족이 있기에 가능했다고 생각합니다.

시동생이 암 진단을 받았을 때, 이는 우리 가족에게 엄청난 충격이었습니다. 그는 단순히 저의 시동생일 뿐만 아니라, 저에게는 친동생과 같은 존재였습니다. 그런데 시동생의 상태가 시간이 지날수록 악화 되었고 병원에서 요양병원이나 호스피스로 옮기는 것을 권할 때, 마지막이 다가오고 있다는 것을 즉감 할 수 있었습니다. 저는 시동생이 낯선 곳과 모르는 사람들 속에서 마지막 날들을 보내는 모습을 상상할 수 없었습니다.

그래서 남편과 저는 병원에서 시동생을 우리 집으로 데려오기로 결심했습니다. 가족과 함께 있을 수 있는 유일한 곳은 바로 우리 집이었기 때문이었습니다.

그 당시 저는 이 결정을 두 번 생각하지 않았습니다. 시동생을 돌보는 것은 가족에 대한 사랑의 자연스러운 표현이라고 생각했기 때문입니다. 그러나 곧 주위 사람들 모두가 같은 생각을 가지고 있지 않다는 것을 후에 깨달았습니다. 친구들과 심지어 몇몇 친척들까지도 왜 제가 그런 어려운 책임을 떠맡으려 하는지 의문을 가졌습니다.

특히, 이미 박사 과정 중이었고 시동생이 많은 고통을 겪고 있었기 때문에, 많은 사람들이 말했습니다. "왜 집에서 말기 간암 환자를 돌보려 하느냐"고요. 그들은 시동생을 전문 의료진에게 맡기는 것이 낫지 않겠냐는 말을 하며, 우리 부부를 혼란스럽게 만들었습니다.

남편이 제 곁에 서 있을 때 저는 남편에게 이렇게 말했습니다. "시동생은 우리의 가족이야.", "시동생은 우리와 함께 있어야 해요." 우리 부부는 시동생에게 우리 집에 남은 시간을 보낼 수 있도록 공간을 마련해 주었습니다. 그리고 얼마 남지않은 시간을 가족의 사랑 속에서 편안하게 보낼 수 있도록 했습니다. 그리고 시동생의 딸이 집에 와서도 아빠와 편안하게 지낼 수 있도록 했습니다.

그렇다고 처음부터 시동생이 우리 도움을 받으려고 하지는 않았습니다. 시동생은 자주 "짐이 되고 싶지 않다"라고 말하곤 했지만 시간이 지나면서 시동생은 우리가 진심으로 돌본다는 것을 깨닫기 시작했습니다.

어느 저녁, 특히 힘든 하루를 보낸 후에 시동생이 저를 바라보며 말했습니다.

"나를 친동생처럼 대해줘서 고마워요. 형수님께서 이렇게까지 사랑으로 돌봐 줄 줄은 몰랐어요."

시동생의 말이 제 마음 깊이 와닿았습니다. 저는 시동생에게 이렇게 대답했습니다.

"가족은 서로를 돌보는 것이죠. 의무 때문이 아니라 사랑과 공감 때문이에요. 우리가 삼촌을 위해 여기 있는 것처럼, 삼촌도 우리를 위해 건강해질 수 있도록 노력해요."

그 후로 남편도 서서히 변하기 시작했습니다. 남편은 시동생이 있는 동안 가족이 당연히 함께 할 것이라고 생각했던 것 같습니다. 하지만 주위 사람들이 그게 당연한 일이 아니라고 이야기하자 남편은 결국 몇 번이나 고맙다는 말을 하게 되었고, 시동생 덕분에 남편과 저와의 관계도 더 가까워졌습니다. 사이가 안 좋을 때는 상대에게 무엇이든 감동을 주면 서서히 좋아질 수 있습니다.

서로를 돌보며 관계의 덕목이라 할 수 있는 신뢰가 쌓였죠. 가족은 어려운 시기에 함께 한다는 것이 얼마나 소중한지를 깨달았고, 이는 다른 가족들에게도 본보기가 되었습니다. 특히 가장 힘든 순간에 서로에게 주는 사랑이 얼마나 강력한 힘을 발휘하는지 깨달을 수 있었습니다.

남편은 이렇게 고백했습니다.

"이번 경험은 나를 바꿨어. 내가 가족을 얼마나 당연하게 여겼는지 몰랐어. 동생 덕분에 진정으로 돌보고, 공감하고, 이해하는 게 무엇인지 알게 됐어."

남편의 생각을 바꾸게 한 것은 많은 돈도 아니고 많은 시간도 아닌, 힘들 때 함께 해주는 것이 가족의 힘이라고 믿음을 주는 것이었습니다.

이 경험을 통해 저는 가족이 얼마나 소중한지 다시 한 번 깨달았고, 서로에게 더 잘하려고 노력하게 되었습니다. 이러한 공감과 책임을 공유하는 순간들은 가족 생활의 근본이 되어야 한다는 제 신념을 더욱 강화해주었습니다. 불행히도 오늘날의 빠른 세상 속에서 너무 많은 가족들이 성급하게 반응하며, 종종 갈등이나 심지어 이혼으로 이어지는 것을 보며 마음이 아픕니다.

가족들은 어려운 시기에 많은 공감과 지지를 통해 신뢰를 쌓아가지만, 우리는 그 어려운 시기를 견딜 인내심이 부족한 것 같습니다. 서로의 어려움을 이해하고 공감하는 인내심이 점점 사라지고 있는 것처럼 보입니다.

이러한 문제를 해결하기 위해서는 인격 교육을 통해 가족에 대한 올바른 관점을 되찾아야 한다고 생각합니다. 이 교육은 도덕과 윤리뿐만 아니라 공감, 이해, 그리고 자신의 필요를 넘어 타인의 필요를 보는 능력을 특별히 개발하는 데 중점을 두어야 합니다. 많은 면에서 시동생을 돌보았던 경험 자체가 교육이었습니다. 그것은 가족, 사랑, 그리고 인간 정신의 힘에 대한 교훈이었죠.

그 몇 달 동안 나눴던 대화들은 제 인생에서 가장 의미 있는 대화들이었습니다. **"큰 순간들만이 중요한 것이 아니에요,"** 라고 저는 확신을 가지고 말할 수 있었습니다. **"저는 일상에서 주고받는 작은 친절이 정말로 중요하다는 것을 느꼈어요."**

이 경험은 가족이 큰 사건들뿐만 아니라 일상의 도전과 기쁨을 함께 나누는 존재라는 것을 다시 한 번 상기 시켜주었습니다. 가족은 모두가 존중받고 이해받을 수 있는 공간이고, 공감이 우리 행동을 이끌며, 사랑은 우리를 하나로 묶어주는 실존적 의미를 갖습니다. 시동생은 가족의 품에서 편안히 머물 수 있었고, 그에게 힘을 준 것 중 하나는 우리 가족의 사랑이었습니다.

시동생은 사랑하는 가족의 품에서 평온하게 세상을 떠났습니다. 그를 돌본 경험은 남편과 저에게 잊을 수 없는 깊은 흔적을 남겼습니다. 이 경험은 우리 사이의 유대를 깊게 했고, 가족이 무엇을 의미하는지에 대한 우리의 이해를 새롭게 만들었습니다.

이 경험을 돌아보며, 저는 가족의 강한 기반은 공감과 이해에 있다고 더욱 확신하게 되었습니다. 이러한 것들은 우리가 단순히 가져야 할 자질이 아니라, 인간으로서의 본질입니다. 개인적인 성공과 즉각적인 만족이 우선시되는 세상에서, 가장 중요한 교훈은 서로를 돌보는 일상의 행동을 통해 배운다는 것을 기억해야 합니다. 그리고 저는 이러한 교훈이 가족이라는 살아 있는 경험을 통해 가장 잘 전달된다고 믿습니다.

인성 교육의 역할

제 인생을 통해 인성 교육이 개인과 사회에 미치는 깊은 영향을 목격해 왔습니다. 우리나라는 저출산, 고령화, 그리고 이혼율 증가라는 심각한 문제에 직면하고 있습니다. 이러한 문제의 해결책은 바로 인성 교육에 있다고 생각합니다. 공감, 책임감, 회복 탄력성을 함양함으로써 우리는 이 문제들의 근본적인 원인을 해결할 수 있다고 믿습니다.

현재 한국 사회는 저출산, 고령화, 이혼율 증가 등 여러 중요한 도전에 직면해 있습니다. 이 문제들은 서로 고립된 것이 아니며, 사회의 근본적인 역학을 반영하는 깊이 연결된 문제들입니다. 이러한 문제들에 대한 신중한 성찰을 통해, 우리는 그 해결의 핵심이 바로 도덕적 가치, 공감, 책임감, 회복 탄력성을 포괄하는 인성 교육에 있다는 것을 깨달아야 합니다.

인성 교육은 단순한 지식 전달에 그치지 않고, 사람들 간의 관계를 개선하고, 사회적 연대를 강화하며, 개인이 스스로 의 삶을 책임지고 긍정적으로 변화시킬 수 있는 능력을 길러줍니다. 공감은 타인의 감정을 이해하고 존중하는 능력을 기르는 데 중요한 역할을 하며, 책임감은 자신과 가족, 그리고 사회에 대한 의무를 다하는 것을 의미합니다. 또한, 회복 탄력성은 개인이 역경을 극복하고 다시 일어설 수 있는 내적인 힘을 길러 줍니다.

저출산 문제와 이혼율 증가는 단순히 경제적인 요인만이 아니라, 사회 구성원들이 가족과 삶에 대한 책임감을 느끼지 못하는 경우가 많기 때문이라고 생각합니다. 인성 교육은 이를 해결하는 데 중요한 역할을 할 수 있습니다. 인성 교육을 통해 사람들이 가정과 사회에서 책임을 다하는 법을 배우고, 결혼과 가정의 소중함을 깨닫게 할 수 있습니다. 또한, 회복 탄력성을 통해 사람들은 어려움에 직면했을 때 포기하지 않고 극복할 수 있는 힘을 가지게 됩니다.

결국, 한국 사회의 저출산과 이혼 문제를 해결하기 위해서는 인성 교육의 중요성을 인식하고, 이를 통해 사회 전체의 건강한 변화를 이끌어내야 할 것입니다.

가족하고는 늘 용서와 공감 소통으로 연개되어 서로가 솔직하게 대하며 함께 하는 것에 사랑이 생기고 활력소에 공감형성이 된다고 주장합니다.

저출산, 이혼

한국에서 저출산 문제는 심각한 문제로 대두되고 있습니다. 과거보다 태어나는 아이들의 수가 줄어들면서 인구도 감소하고 있으며, 이는 경제, 노동력, 사회적 안정성에 장기적인 영향을 미칩니다.

고령화 인구가 계속해서 증가하면서 젊은 노동 연령층에 비해 고령자의 비율이 높아지는 인구 불균형은 이 문제를 더욱 악화시키고 있습니다. 이러한 인구 불균형은 사회 서비스에 엄청난 부담을 주며, 고령자를 돌보는 일이 점점 더 어려워지고 있습니다.

또한, 이혼율도 증가하고 있는데, 이는 결혼과 가족생활에 대한 태도의 변화와 관련이 있습니다. 많은 부부들이 현대 사회에서의 복잡한 관계를 헤쳐 나가는 데 어려움을 겪으며, 이로 인해 결혼 생활이 파탄에 이르는 경우가 많습니다. 이러한 문제는 당사자들에게만 영향을 미치는 것이 아니라 사회 전체에도 넓은 파장을 일으킵니다.

저출산과 이혼율 증가 문제는 사회 불안정과 미래에 대한 불안을 함께 야기 하며 이는 한국 사회의 중요한 과제로 자리 잡고 있습니다. 이 과제는 가정에서부터 교육이 되어야 합니다. 사람으로 태어나서 결혼은 필수라고 교육이 되어야 하고 그걸 받아 드리도록 자식에게 충분한 설득이 필요합니다.

경제력 있는 자식에게 부모는 뭐하러 결혼하냐고 주변지인들은 얘기하시는 것을 몇 번 보게 되는데 부모님 생존에는 그게 통할 수 있으나 가족 없으면 내가 아파 병원에 입원 하게 되면 누가 그 일을 대신 해 줄 수 없는 현실을 알려야 합니다. 결혼을 해서 자식이 생겨서 자식이 주는 행복은 이루 말 할 수 없는 행복을 주는 것임을 깨달을 수 있도록 가족이 권면해 주는 것이 현명합니다.

이 과정은 결혼 정년기만 하는 것이 아니라 부모님도 함께 들어 놓으면 더욱 효과적인 힘을 발휘할 수 있습니다.

> 2023년 혼인·이혼 통계청 자료 - 2024년 3월 19일(화)
> 남성의 경우 30대 초반에서 2,000건(2.7%) 증가하였고, 여성의 경우 30대 초반에서 4,000건(5.8%) 증가하였습니다. 첫 혼인 평균 연령은 남성이 34.0세, 여성이 31.5세로 남성은 전년대비 0.3세, 여성은 0.2세 증가했습니다. 10년 전과 비교하면 남성의 첫 혼인 연령은 1.8세, 여성은 1.9세 상승한 것으로 나타났습니다.

인성 교육 : 가치에 뿌리를 둔 솔루션

제 생각에 인성 교육은 단순히 아이들에게 예의를 가르치는 것에 그치는 것이 아닙니다. 인성 교육은 현대 사회의 복잡한 문제들을 헤쳐 나갈 수 있도록 개인에게 깊은 도덕적인 용서, 인정, 책임감, 공감 능력, 그리고 회복력을 심어주는 것을 의미합니다. 이러한 교육은 현재 한국이 겪고 있는 사회적 문제들의 근본적인 원인을 해결하는 데 매우 중요한 역할을 합니다.

인성 교육과 저출산

저출산의 주요 원인 중 하나는 젊은 세대가 결국 직장생활을 시작하는 것에 대해 점점 더 꺼려하게 되는 현상입니다. 현대 생활의 압박, 경제적 불안정성, 그리고 자녀 양육에 드는 높은 비용은 중요한 방해 요인으로 작용하고 있습니다.

그러나 인성 교육은 이러한 사고방식을 변화시키는 데 중요한 역할을 할 수 있습니다. 인성 교육은 어린 시절부터 책임감, 공감, 그리고 공동체의 행복이라는 가치를 함양함으로써, 개인의 성공에서 가족과 공동체의 중요성으로 초점을 전환하는 데 기여할 수 있습니다.

노벨 경제학상을 수상한 제임스 헤크먼과 같은 교육학자 및 심리학자들은 인내심, 성실성, 감정적 안정성 등의 비인지적 능력, 즉 인성 교육의 핵심 요소들이 장기적인 성공과 사회적 결속에 매우 중요하다고 주장합니다. 이러한 능력을 가르침으로써, 우리는 젊은 세대가 어려움에 직면하더라도 가족생활을 받아들이는 데 필요한 회복력과 책임감을 기를 수 있도록 도울 수 있습니다. 이와 같이 인성 교육은 단순히 개인의 성공을 넘어 가족과 사회 전체의 행복을 위한 중요한 요소임을 다시금 강조할 필요가 있습니다.

인성 교육과 고령화

고령화 인구는 특히 돌봄과 사회적 포용 측면에서 독특한 도전 과제를 제시합니다. 인성 교육은 세대 간 격차를 줄이고 공감과 이해를 증진시키는 데 중요한 역할을 할 수 있습니다. 젊은 세대가 노인을 존중하고 가치를 부여하는 법을 배운다면, 그들은 노년층 가족을 돌보고 고령화된 인구를 지원함으로써 사회에 적극적으로 기여할 가능성이 더 커집니다.

평생 교육 프로그램에 인성 교육을 통합함으로써, 노인들이 계속해서 지역사회와 연결되고 참여할 수 있도록 도울 수 있습니다. 평생 학습의 가치, 공감, 세대 간 연대감을 촉진함으로써, 우리는 고령화가 사회의 부담이 아니라 공동체의 필수적인 부분으로 여겨지는 사회를 만들 수 있습니다.

인성 교육과 이혼율

이혼율의 증가 원인 중 하나는 관계에서의 소통 부족, 이해 부족, 그리고 회복력의 부재와 관련이 있습니다. 인성 교육은 이러한 문제를 해결하는 데 중요한 역할을 할 수 있습니다. 인성 교육을 통해 개인은 건강하고 오래 지속되는 관계를 유지하는 데 필요한 기술을 배울 수 있습니다. 여기에는 갈등 해결, 공감 능력, 그리고 다른 사람의 관점을 이해하는 능력이 포함됩니다.

심리학자 존 가트먼(John Gottman)의 연구에 따르면, 갈등을 효과적으로 관리하고 긍정적인 소통을 유지하는 능력은 결혼 생활의 안정성에 중요한 요소로 작용합니다. 이러한 기술들은 학교에서의 인성 교육과 성인 평생 학습 프로그램을 통해 가르치고 강화할 수 있습니다. 이러한 가치의 중요성을 강조함으로써 우리는 이혼율을 낮추고 결혼 제도를 개선할 수 있을 것입니다. 정부가 결혼에 관한 특화된 과정과 평생교육센터에서 제공할 수 있는 교육에 주목한다면, 결혼과 이혼 문제 및 저출산 문제를 해결하는 데 도움이 될 것입니다.

대학 교육학과를 졸업하면 교원 자격증을 취득해 교사가 되는 것처럼, 평생 교육사 자격증을 취득할 수 있는 정규 과정이 있듯이, 결혼에 대한 새로운 과정이 전국적으로 도입되어 결혼

전에 결혼 자격증을 취득한 사람들에게 각 기업에서 직원 채용 시 가산점을 부여하는 것이 좋겠다고 생각합니다.

인성 교육 시행의 협력적 노력

인성 교육은 가족, 학교, 그리고 사회 전체가 함께 노력해야 하는 공동의 과제입니다. 각각이 개인의 가치관과 행동을 형성하는 데 중요한 역할을 합니다.

가정 인성 교육

가정에서 인성 교육의 핵심은 인정을 받고 서로를 지지하는 것입니다. '인성'이라는 단어가 거창하게 들릴 수 있지만, 사실 그것은 다른 사람을 예의 바르게 대하는 것이라고 생각해도 과언이 아닙니다. 사람이 기본을 지키면 자연스럽게 목소리가 낮아지고, 기본을 지키지 않으면 갈등이 생기게 됩니다. 인성 교육은 아이들이 처음으로 사랑, 존중, 책임을 배우는 가정에서 시작됩니다.

이와 같은 3세대가 잘 아울리게 되면 고부갈등도 해소되고 결혼을 안 하겠다는 젊은 층에 생각도 해소가 되고 자식 세대도 쉽게 이해하게 될 수 있다는 생각입니다.

부모는 일상 생활에서 공감, 회복력, 도덕적 성실함을 보여주며 자녀들에게 심어주고 싶은 행동을 모범적으로 실천해야 합니다. 가족 내에서 윤리적 딜레마에 대해 함께 토론하거나, 가족에게 영향을 미치는 결정에 자녀를 참여시키는 간단한 실천들이 튼튼한 도덕적 기초를 다지는 데 중요한 역할을 합니다.

학교 기반 인성 교육

학교는 가정에서 시작된 인성 교육을 강화할 수 있는 독특한 기회를 가지고 있습니다. 이를 위해 사회적·정서적 학습, 윤리 및 시민 의식을 중점으로 하는 전용 프로그램을 도입할 수 있습니다. 또한 학교는 기존의 교과 과정에 인성 교육을 통합하여 학생들이 단순히 학문적인 내용을 배우는 것에 그치지 않고, 삶에서 성공하고 사회에 긍정적으로 기여할 수 있는 인성적 자질을 함께 함양하도록 해야 합니다.

평생학습 및 인성 교육

평생교육 기관은 청소년기부터 노년기까지 인성 교육을 확장하는 데 중요한 역할을 합니다. 이러한 기관들은 감성 지능, 갈등 해결, 윤리적 리더십을 중점으로 한 프로그램을 제공함으로써 모든 연령대의 성인들이 인생의 도전 과제를 헤쳐 나가고, 건강하고 만족스러운 관계를 유지하는 데 필요한 기술을 개발할 수 있도록 도울 수 있습니다.

특히 급변하는 사회적 규범과 가치를 적응하는 데 어려움을 겪는 노인들에게 평생교육의 역할은 매우 중요합니다. 이러한 프로그램은 세대 간의 격차를 해소하고, 노인과 젊은 가족 구성원 간의 이해와 공감을 증진시켜, 보다 통합된 사회를 만드는 데 기여할 수 있습니다.

또한 상황이 여의치 못해 대학을 가지 못하거나 배움이 더 필요한 사람들에게도 기회가 될 수 있습니다. 평생교육원에서 자격증을 취득하여 전문적인 일자리 창출을 하고, 또는 사업을 계획하거나 해당 분야 강사로도 활동할 수 있는 기회가 생길 수 있습니다. 그리고 이런 것들을 통해 자아발전도 되어 삶에 대한 만족도가 향상 되리라고 생각합니다.

저출산과 프로그램

현재 세대에서 많은 젊은 이들은 결혼에 대해 부정적인 시각을 가지고 있으며, 결혼에 대한 관심도 적습니다. 따라서 출산율이 증가할 방법이 없습니다. 또한, 결혼이나 국가의 인구 감소와 고령화 문제에 관심을 두지 않고, 오로지 내가 결혼해서 가족을 위해 희생하며 어떻게 살아갈 것인지에 대한 고민을 많이 하고 있습니다.

사실, 경제가 회복되면서 여성들이 더 이상 과거처럼 경제적으로 강력한 지위를 누리지 못하게 되었고, 돈만 있으면 잘 살 수 있다는 잘못된 생각을 하는 사람들을 종종 보게 됩니다. 하지만 우리는 돈으로만 인생을 즐길 수 없습니다.

이러한 고정관념을 깨우기 위해 정부에서 결혼 자격증을 취득한 사람들에게 사회적 취업, 학교 등 어디에서나 혜택을 제공한다면 많은 사람들이 결혼에 관심을 가지게 될 것입니다. 결혼을 앞둔 예비 신부들이 이론과 실습을 통해 결혼에 대한 학습 경험을 쌓으면 결혼에 대한 생각이 변화하고 결혼율도 증가할 것이라는 믿음으로 이 글을 썼습니다.

사회에는 여전히 결혼에 대한 지침이나 자격증이 없습니다.

만약 대학이나 평생교육기관에서 이러한 과정을 운영하고 사회가 이 자격을 인정하며 결혼 혼수 1순위로 여긴다면, 젊은 층이나 결혼에 관심이 없는 사람들에게 우선적으로 혜택을 제공한다면 저출산율이 크게 감소하지 않을까 생각해 봅니다.

설문조사를 통해 나온 결과값을 분석한 후 기성세대들이 공통적으로 말하는 것이 있습니다. 그것은 바로 자신들이 결혼 전에 이러한 문제와 대안, 설문결과에 대한 평가가 있었다면 참 좋았을 것이고 나아가 결혼에 대한 실패가 크게 줄어들었을 것이라고 말합니다.

저출산과 높은 이혼율을 가진 나라에서는 다양한 기관들이 많은 노력을 기울이고 있고 이러한 전문 강사들이 평생교육원이나 학교에서 강의가 지속적으로 진행된다면 조만간 큰 변화가 일어날 것이라고 이야기 합니다.

결혼을 앞둔 미혼자들 중에서도 경제력이 있는 사람과 그렇지 않은 사람 간의 차이가 많지만, 결혼은 모두 동일한 문제입니다. 저는 자발적으로 사회에서 필요한 교육을 제공하고, 교육센터에서 아이들을 돌보는 데 기여하고 싶습니다.

청소년과 고령자 간의 대화를 통해 청소년에게는 정서적 안정을 제공하고, 노인들과는 정보를 공유할 수 있습니다. 세대 간 가정 관리에 맞는 과목으로 구성되어 있다면, 사회의 여러 부분에서 돌봄을 제공받아 맞벌이 부부에게 아이를 제공할 수 있습니다. 저는 아이를 키우는 부담을 줄이고 우리가 함께 움직이는 사회를 만들 수 있다고 생각합니다.

우리 사회는 좋은 복지 시설을 가지고 있어 많은 혜택을 받지만, 결혼에 대한 젊은 세대의 관심이 더욱 중요하다고 생각합니다. 사교육은 중요하고 비용도 많이 들기 때문에 많은 사람들이 결혼을 피하고 있지만, 아이를 키우는 데 드는 추가적인 부담이 더 큰 어려움이라고 생각합니다. 사회가 아이들의 문제에 조금 더 관심을 기울인다면 상황이 점차 나아질 것이라고 생각합니다.

◎ 교육 프로그램 세부 내용

기관명	서울미래지식평생교육원	교육 횟수	1-4회
업종	평생교육기관	교육 기간	3개월
교육 과정명	결혼준비교육	교육 시간	매주 토 10:00-12:00(2H)
교육 대상	예비 및 신혼기 부부 지역주민 (20명)		

구분 (회차)	교육일자 (시간)	교과목명	교육내용	교수 학습 방법	준비물
1회차	(토) 10:00 -12:00	오리엔테이션 및 결혼과 가족에 대한 이해	- 결혼준비교육의 필요성 - 현대가족의 특징에 대한 이해 - 건강한 가족에 대한 이해 - 기능적 가족이 되기 위한 역할 수행에 대한 토론 - 결혼준비상태 검토	강의	결혼준비 상태 검사지
2회차	(토) 10:00 -12:00	성역할과 부부관계	- 성에 대한 이해 - 성 역할과 콤플렉스 - 성 별의 집안 분담	강의 활동 토론	성격 특성 검사지

구분 (회차)	교육일자 (시간)	교과목명	교육내용	교수 학습 방법	준비물
3회차	(토) 10:00 -12:00	부부간의 의사 소통 기술	- 대화의 원리 이해 - 갈등해결을 위한 부부간의 의사소통 방법 및 남녀 간의 성 심리의 차이 이해 - 바람직한 대화방법 - 실습	강의 활동	대화 진단표
4회차	(토) 10:00 -12:00	건강한 사랑과 성	[사랑] - 열정과 사랑 - 사랑의 일반적 특성 - 사랑의 조건, 유형, 요소 등 [올바른 성, 아름다운 성] - 점검하기 - 성 반응 이해	강의 활동	대화 진단표

이러한 교육 프로그램의 학습과 이론을 통해 실습을 마지막 코스로 하여 운영할 계획입니다.

기관명	서울미래지식평생교육원	교육 횟수	5-8회
업종	평생교육기관	교육 기간	4주
교육 과정명	결혼준비교육	교육 시간	매주 토 10:00-12:00(2H)
교육 대상	예비 및 신혼기 부부 지역주민 기혼부부 함께 미팅하기 (50명)		

구분 (회차)	교육일자 (시간)	교과목명	저출산과 고령화교육 고부갈등 해소	교수 학습 방법	준비물
5회차	(토) 10:00 -12:00	결혼 생활 중에 문제 대체에 대한 실습 발표션 및 결혼과 가족에 대한 이해	- 가족 구성원들 간의 솔직하고 열린 대화를 통해 서로의 감정과 생각을 이해하는 것 - 가족간의 소통 중요함 - 중요공감 : 상대방의 입장에서 생각하고 공감하는 노력을 기울이는 것이 중요 - 가족이 되기 위한 열린마음으로 - 가족간의 집안 들먹이지 않기	강의	결혼준비 상태 검사지
6회차	(토) 10:00 -12:00	성별 역할과 자기 본분에 대해 역할담당 실습하기 부부관계	- 성에 대한 서로 성향 다름을 이해하기 - 성별의 역할 구별 - 성별의 집안 분담	강의 활동 토론	성격 특성 검사지

구분 (회차)	교육일자 (시간)	교과목명	교육내용	교수 학습 방법	준비물
7회차	(토) 10:00 -12:00	부부간의 기술과 기법 사용해보기 소통의 방법	- 대화의 방법 대화는 주고 받기 - 갈등해결을 위한 기구 게임 동원하여 - 대화는 공간 장소 쾌적함 중요 - 부부간의 실습 서로 타협	강의 활동	대화 진단표
8회차	(토) 10:00 -12:00	문제 해결 방법 서로 상대입장 바꿔 생각하기 실습을 통해	[사랑] - 서로의 요구와 욕구를 존중하고 타협점을 찾는 방법 - 문제 해결: 갈등을 해결하기 위해 함께 문제를 분석하고 해결책을 찾는 것이 중요함 - 가족 활동: 함께 시간을 보내고 즐거운 활동을 공유하는 것이 중요 기본적인 예의 대화의 소통으로 점검하기 - 전문가의 도움: 필요한 경우 가족 상담이나 전문가의 도움을 받는 것 중요함.	강의 활동	실습 하기 서로 대화 나누기

인성 교육 사례에 필요한 학업 지원

전 세계의 학자들과 교육자들은 인성 교육이 사회 문제를 해결하는 데 필수적이라고 말하고 있습니다. 예를 들어, 발달 심리학자인 하워드 가드너는 다중지능 이론을 강조하며, 대인 관계 및 자기 이해 능력 같은 인성 교육의 핵심 요소들이 중요하다고 말합니다. 또한, 교육 이론가 넬 노딩스는 '돌봄의 윤리'를 강조하며, 공감과 관계적 이해를 우선시하는 교육 체계의 필요성을 역설합니다.

인성 교육은 단순히 우리 교육 체계의 부가적인 요소가 아니라, 저출산, 고령화, 이혼 등 한국 사회의 긴급한 문제들을 해결하는 데 기초가 됩니다. 공감, 책임감, 회복탄력성을 보존하고 길러줌으로써 인성 교육은 개인들이 현대 삶의 복잡성을 헤쳐 나가고, 가족 유대를 강화하며, 보다 안정적이고 통합된 사회에 기여할 수 있도록 돕습니다. 앞으로 나아가는 데 있어, 우리는 인성 교육의 가치를 인정하고, 가정, 학교, 평생교육기관이 함께 협력하여 인성 교육이 이러한 사회 문제를 해결하는 접근 방식의 핵심적인 부분이 되도록 해야 합니다.

학교, 가정, 그리고 평생교육 기관이 협력하여 이러한 중요한 가치들을 가르치고 강화해야 합니다. 오직 인성 교육을 통해서만 우리는 우리 사회를 더 공감하고, 강하고, 회복력 있는 사회로 만들어, 우리가 직면한 도전들을 극복할 수 있습니다. 이것은 단순한 이상이 아니라, 우리의 미래를 위한 필수 과제입니다.

자녀에게 훈육이 필요한 시기는 초등학교 시기입니다. 부모가 자녀에게서 배운다는 마음가짐으로 넉넉하게 칭찬을 아끼지 않는다면 최고의 부모라고 할 수 있습니다. 하지만 자녀와 소통이 안 되어 스트레스를 받거나 어려움을 겪는 부모들이 친한 사람들에게는 쉽게 다가가면서도 자녀와 가까워지기 위한 노력을 포기하는 모습을 보면 안타까운 마음이 듭니다. 이런 부모들은 자신이 똑똑하다는 것을 알고 있어 남의 이야기를 들으려 하지 않기 때문에 더 아쉽게 느껴집니다.

아무리 밖에서 즐거운 시간을 보내더라도 집이 편안하지 않으면 그 기쁨은 한순간에 사라지고 가정은 어두워지기 마련입니다. 가족을 위해 최선을 다해 희생하고 올바르게 소통한다면, 그것이야말로 그 어떤 사업보다도 성공적인 가족 경영이라고 믿습니다. 제가 운영하는 교육원에서 주제에 대해 함께 논의할 시간을 가져보고 싶습니다.

사례 1

배려와 진심 어린 소통이 이루어지지 않아 관계가 어려웠던 경우도 있었지만, 부모가 많은 희생과 배려를 하며 관계가 개선된 사례도 볼 수 있습니다. 가족이 어려운 시기를 함께 기다려주고, 응원해 준다면 결국에는 그 어려움을 극복할 수 있다고 믿습니다.

부모가 자녀를 위해 기꺼이 희생하고, 자녀가 힘든 시기를 보내는 동안에도 묵묵히 기다려 주며 그들을 믿고 지지하는 것은 가족 관계의 개선에 큰 영향을 미칩니다. 어려운 시기에 가족이 함께 손을 잡고 서로를 응원할 때, 가족 간의 신뢰와 유대감이 깊어지고, 결국 모든 어려움을 함께 이겨낼 수 있는 힘을 얻게 됩니다.

이처럼 가족이 서로의 곁에서 기다려주고, 지지하며, 진심 어린 소통을 이어나가는 것이 중요한 이유는, 이러한 노력들이 쌓여 가족 관계가 더욱 단단해지고, 서로에게 긍정적인 영향을 미칠 수 있기 때문입니다.

사례 2

남편과의 관계가 좋지 않아 오랜 시간 동안 한 집에서 말없이 지내던 한 가족을 보았습니다. 그러나 저는 이 가정에 대해 이 분위기를 극복하기 위해서는 부부끼리 용서하라고 조언해드렸습니다. 그냥 노력만으로는 서로 남은 힘까지 고갈되는 현실을 맞이하게 됩니다. 상대방의 이야기를 공감해주고 인정해주고, 용서하면 부부는 서로를 이해하게 됩니다. 가족을 기다려 주고 응원해주면서 긍정의 언어로 소통하기 시작하면서 행복한 가정으로 변화하게 되었습니다.

사랑은 인정과 공감이라고 생각합니다. 믿어주는 것이 최고의 상호 간에 기를 살려주는 원동력이 되는 사례를 많이 보고 있습니다.

처음에는 서로의 마음을 읽지 못하고 오랜 시간 침묵 속에 지내왔지만, 서로를 이해하려는 노력과 기다림이 쌓여 결국 대화를 통해 관계를 회복할 수 있었습니다. 부부는 어려운 시기에도 포기하지 않고 기다려 줌으로써 서로를 다시 연결할 수 있었고, 이러한 과정 속에서 가족의 유대감이 더욱 깊어졌습니다.

이처럼 기다림과 소통이 중요한 이유는, 이를 통해 가족 간의 관계가 더욱 사랑으로 행복한 방향으로 나아갈 수 있기 때문입니다.

사례 3

7년 동안 싸우기만 하고 이혼만 생각하던 부부를 본 적이 있습니다. 한 지붕 아래 살면서도 서로의 관계가 원활하지 않은 집들이 생각보다 많다는 것을 알게 되었습니다. 그러나 가족들이 생각을 바꾸고 서로를 지지하고 기다려 주면서, 자신을 위해 공부하고 자기 발전을 추구하기 시작한 가족들은 천천히 소통이 원활한 가족으로 변화하는 모습을 볼 수 있었습니다.

많은 사람들이 공부를 통해 자신을 발전시키고 있었으며, 그들 주위에서도 대화를 나누지 않더라도 아이들을 통해 소통하는 모습을 발견할 수 있었습니다. 그리고 결국 미래에 잘 살아가는 사람들은 바로 스스로 미래의 공부했던 사람들이라는 것을 알게 되었습니다. 아무리 대화가 되지 않는다고 해도, 자신의 자아를 발전시키고 겸손하게 상대방을 칭찬하고 지지하면 결국 소통이 이루어진다는 것을 알 수 있었습니다.

자신을 발전시키면 상대방 나에게 부당한 대하지 않습니다. 사람은 배우게되면 스스로 고개를 숙이게 됩니다. 과거에는 부계사회였기에 무조건 남자는 여자 위라고 생각했던 시절이 있습니다. 또한 남편이 벌어온 수입 외는 경제력이 없다보니 남편에게 오로지 순종하며 살았던 시절도 있지만 지금은 사회가 모계 사회로 바뀌어 가고 있어 여성 상위시대라고 부르짖는 시대가 왔습니다. 그러나 부부간에 소통이 안되어 성격이 안 맞아 이혼하는 여성을 많이 보게 됩니다. 그러나 저는 그런 사람에게는 공부하라고 추천 해드립니다.

우리는 그 자리에서는 내가 바뀌기는 어려운 현실입니다. 내가 변화하지 않고 상대방만 바꾸려고 한다면 소통이 아니라 잘난 척이며 이기주위라고 볼 수 있습니다. 내가 가 변화하면서 상대를 변화 할 수 있도록 하는 것이 일반적인 지혜로운 해결책을 찾을 수 있다는 것을 알 수 있습니다. 또한 가족이 주는 행복을 추구하기 위해서는 스스로 성장하고 변하는 데 많은 노력을 기울여야 한다고 생각합니다. 그로부터 얻는 행복은 돈으로 살 수 없는 것이라고 믿습니다. 상대방을 빠르게 이해하고 싸움을 피할 수 있는 행복이 우리의 상상을 초월하는 경우가 많습니다.

개인적인 여정.
변화하는 사회에서 가족의 가치

내 삶을 돌아보면, 특히 박사 학위를 받기 전의 시간들을 떠올리며 가족, 가치, 그리고 인격의 중요성에 대해 깊이 배운 것들이 생각납니다. 이러한 경험을 통해, 급변하는 사회 속에서 우리의 삶과 가족 관계를 정의하는 것은 물질적 부가 아니라 우리의 가치라는 확신을 가지게 되었습니다.

가족 경영에 있어 진정한 가치는 물질적 지원이 아닌 서로에게 주는 사랑, 공감, 그리고 이해 속에 있다고 믿습니다. 가족 관계는 신뢰를 유지해야만 합니다. 더 확실한 것은, 한 번 신뢰가 깨지면 그것은 다시 회복되지 않거나 오랫동안 영향을 미칠 수 있다는 점입니다. 이것은 제가 33년간의 공직 생활과 10년간의 교육 분야 경험을 통해 얻은 교훈입니다.

"다른 사람이 하는 말을 절대 하지 마세요. 신뢰가 한 번 깨지면 평생 지속됩니다." (경제학자 이금룡 박사님의 명언)

저도 그 말씀에는 공감을 합니다. 그런데 남의 말을 하면서도 상대가 힘들어 하는 것에 즐기는 사람도 있습니다.

한 번 신뢰가 깨지면 회복하기는 힘들고 평생 갈 수 있습니다. 절대 남의 말은 하면 안된다는 것에 본인 스스로 각인이 되어야 합니다. 가족을 위해 해주지 못한 것에 대해 늘 연구하고 가족을 위해 무엇을 할 수 있을지를 생각하며 항상 감사함을 느끼는 것, 그것이 바로 3대에 거친 가족 경영이 함께 걸어가는 길이며, 삶을 피크닉처럼 살아가는 길이라고 생각합니다.

  우리 가정은 점차 좋아지면서 가족의 가정경영은 단순히 혈연 관계가 아니라 우리가 공유하는 가치와 우리가 주는 사랑에 있다고 생각해 봅니다. 그러므로 결혼은 필수이라고 생각합니다. 결혼은 서로 상호간에 적응만 잘 한다면 어떤 사업보다 가장 큰 사업중에 보람있는 가족 사업이라고 생각합니다.

  이러한 경험을 통해, 사회가 변하면서 물질적 성공을 추구하는 데 몰두하게 되고 진정 우리를 더 깊은 가치를 가족의 가치를 알아가는 가족으로 사회가 어린나이부터 가족의 중요성을 깨닫는 교육을 해야 합니다. 바쁜 일정과 개인적 약속으로 인해 가족이 흔들리기 쉬운 오늘 날의 빠르게 변화하는 세상에서, 이러한 가치를 인격 교육을 통해 길러내는 것이 그 어느 때보다도 중요하다고 느낍니다.

  인성 교육은 단순히 옳고 그름을 가르치는 것을 넘어섭니다. 이는 깊은 공감, 책임감, 그리고 회복력을 심어주며, 이러한 가치는 강한 가족 유대를 유지하고 인생의 도전들을 헤쳐 나가는 데 필수적입니다. 제 인생을 되돌아보면, 가족을 통해 배우고 강화된 이러한 가치들이 어려운 시기를 이겨내는 데 있어 중요한 원칙이 되었음을 알 수 있습니다.

우리 사회는 이러한 교육을 학교뿐만 아니라 가정과 지역 사회에서도 받아들여야 합니다. 인성 교육을 통해 우리는 다음 세대에게 물질적 가치보다 더 중요한 것이 가치관이라는 것을, 그리고 공감과 이해가 강하고 지지적인 가족을 만드는 데 얼마나 큰 힘을 발휘하는지를 가르칠 수 있습니다.

끊임없이 변화하는 세상 속에서 이러한 가치는 변함없이 남아 우리의 삶을 만족스럽고 의미 있게 만드는 기반이 될 것입니다. 학문적 추구에서든, 개인적인 도전에서든 제 여정은 물질적 성공이 사라지더라도 우리가 가족 내에서 함양한 가치들은 지속된다는 것을 보여주었습니다. 이는 우리의 진정한 유산이며, 우리 아이들과 사회에 줄 수 있는 가장 중요한 선물입니다.

가족의 신뢰와 결혼의 중요성

가족의 신뢰와 결혼은 제 인생에 깊은 영향을 미친 두 가지 중요한 기둥입니다. 제 여정을 되돌아보면, 이 두 요소가 개인적인 관계뿐만 아니라 인생의 도전들을 어떻게 헤쳐 나가는지에 대해 저를 이끌어준 것을 깨닫게 됩니다.

어릴 때 저는 부모님 사이의 강한 신뢰와 유대를 목격할 수 있는 행운이 있었습니다. 비록 부모님께서도 수많은 어려움에 직면하셨지만, 서로에 대한 변함없는 신뢰가 우리 가족을 버티어온 것은 중요한 요소였습니다. 이 신뢰는 단순히 서로의 행동을 믿는 것이 아니라, 인생이 가장 불확실할 때에도 서로의 의도를 신뢰하는 것이었습니다. 이러한 신뢰의 기반을 통해 저는 정직, 존중, 그리고 상호 지지를 바탕으로 관계를 쌓는 것이 얼마나 중요한지를 배웠습니다.

그래서 결혼은 단지 두 사람만의 결합이 아니라 그 이상이라는 것을 알게 되었습니다. 결혼은 함께 인생을 꿈꾸고 도전하는 것을 공유하겠다는 약속입니다. 서로가 소중하다고 느끼고 지지를 받을 수 있으며, 두려움 없이 취약함을 드러내고 함께 성장할 수 있는 파트너십을 만드는 것이 결혼입니다.

제 결혼 생활 중 시동생이 암 진단을 받았을 때가 가장 힘들었는데, 그 시기를 가족과 함께 극복했던 경험을 통해 결혼의 진정한 깊이를 깨닫게 되었고, 좋은 순간 뿐만 아니라 가장 어두운 순간에도 함께할 수 있는 힘을 배웠습니다.

그 경험은 결혼이 평등한 파트너십이라는 제 신념을 더욱 확고히 했습니다. 단순히 함께 인생을 공유하는 것만으로는 충분하지 않다는 것을 배웠습니다. 결혼은 지속적인 노력과 이해, 그리고 처음 두 사람을 하나로 만든 신뢰의 유대를 키우기 위한 헌신을 요구합니다. 결혼의 강점은 서로의 성장을 지지하고, 개별적으로 그리고 부부로서 함께 인생의 폭풍을 견뎌내는 능력에 달려 있다는 것을 깨달았습니다.

오늘날 빠르게 변화하는 세상에서 저는 너무 많은 결혼이 사랑의 부족이 아니라 오해, 기대 충족의 실패, 그리고 삶의 압박으로 인해 한때 존재했던 신뢰가 무너져 위기에 처하는 것을 목격합니다. 신뢰는 매우 섬세한 것입니다. 그것은 열린 소통, 공감, 그리고 상호 존중을 통해 키우고 유지해야 합니다. 신뢰가 없으면 아무리 강한 사람도 결국 지치기 시작할 수 있습니다.

그러나 신뢰만으로는 결혼을 유지할 수 없습니다. 신뢰는 서로의 필요를 깊이 이해하고, 타협할 의지와 용서할 수 있는 능력과 결합되어야 합니다. 결혼은 목적지가 아니라 여정이며, 관계를 건강하고 강하게 유지하기 위해서는 지속적인 노력이 필요합니다. 그렇기 때문에 저는 가족 내에서의 인성 교육과 평생교육을 통해 사람들이 성공적인 결혼을 위해 필요한 자질을 개발하는 것이 중요하다고 믿습니다.

결혼은 단순히 사랑만으로 이루어지지 않습니다. 결혼은 신뢰, 존중, 그리고 상호 지원을 바탕으로 함께 인생을 구축하는 것입니다. 결혼은 두 사람이 성장하고 번영할 수 있는 안전한 공간을 다지는 것이며, 삶이 어떤 도전과제를 주더라도 서로를 지지한다는 것을 알고 있는 관계를 만드는 것입니다.

제 여정을 계속해서 되돌아볼 때, 저는 가족 간의 신뢰와 강한 결혼이 단순히 중요한 것뿐만 아니라 필수적이라는 확신이 더 강해졌습니다. 그것은 안정되고 행복하고 만족스러운 삶을 구축하기 위한 토대입니다. 그리고 관계가 외부 압력에 의해 자주 시험받는 오늘날의 끊임없이 변화하는 세상에서 이러한 가치는 그 어느 때보다 중요합니다.

4장

가족 구조와 자녀의 자기계발

가족 구조의 변화 /

가족 구조 변화가 아동 발달에 미치는 영향 /

대가족에서 핵가족으로의 전환 / 편부모 및 혼합가정의 증가 /

맞벌이 가정의 영향 / 기술의 역할과 변화하는 사회 규범 /

가족 구조 변화에 따른 사회적 문제와 대책 /

이혼 문제를 해결하기 위한 교육프로그램 /

사회적 문제를 해결하는 데 있어 가족의 중요한 역할 /

결혼을 통한 사용 설명서의 필요성 : 경험에서 얻은 교훈 /

가정과 사회, 학교에서의 인성 교육의 필요성 /

가족 경영과 프로그램 / 가족공감의 순서

가족 구조의 변화

제 여정을 돌아보고 우리 가족의 변화를 생각해보면, 현대 가족의 구조가 얼마나 많이 변화했는지에 놀라게 됩니다. 이러한 변화는 우리가 상호작용하는 방식에만 영향을 미친 것이 아니라, 우리 자녀들의 성장과 발달에도 큰 영향을 미쳤습니다. 이러한 가족 구조의 역학을 이해하는 것이 오늘날의 세상에서 성공할 수 있는 강하고 회복력 있는 가족을 육성하는 데 필수적이라고 생각합니다.

제가 제 아이들을 키우면서 가족 구조가 점차 변화하기 시작했다는 것을 깨닫게 되었습니다. 전통적인 대가족 모델은 핵가족으로 대체되었으며, 종종 부모가 양쪽 모두 경제활동에 참여하며 가족을 부양해야 했습니다. 이러한 변화는 새로운 도전을 가져왔습니다. 부모가 모두 직장에 나가는 상황에서, 현대 생활의 압박은 예전 대가족이 제공했던 지원 시스템을 이용하기 어렵게 만들었습니다. 이러한 변화는 우리 자녀들의 발달에 가족 구조의 변화가 얼마나 큰 영향을 미치는지 더욱 절실히 깨닫게 해주었습니다.

제가 학업과 일을 병행하며 지켜본 바에 따르면, 가족 역학의 변화가 자녀들에게 미치는 영향을 자주 목격했습니다. 폭넓은 지원 네트워크가 없을 때, 자녀들이 때로는 고립되거나 압박감을 느끼는 모습을 보았습니다. 부모가 가사와 육아를 동시에 관리하면서도 확장 가족의 지원 없이 직장생활을 이어나가야 하는 상황은 필연적으로 스트레스와 피로를 초래했으며, 이는 결국 자녀들에게도 영향을 미쳤습니다.

하지만 이러한 새로운 가족 구조 속에서 성장의 가능성 또한 발견할 수 있었습니다. 전통적인 역할에 얽매이지 않음으로써 부모는 자녀와 더 깊이 소통하고 친밀한 관계를 형성할 수 있는 기회를 얻게 되었습니다. 이러한 친밀감은 더 나은 소통을 가능하게 했고, 자녀들은 자신의 생각과 감정을 보다 편안하게 표현할 수 있었습니다. 이로 인해 저는 가족 역학의 변화가 도전적이면서도 자녀 발달을 지원하고 이해할 새로운 길을 제시하고 있다는 사실을 깨달았습니다.

특히, 부모가 아픈 가족 구성원을 돌보는 역할을 수행하는 모습을 지켜보며 자녀들이 공감과 책임감, 그리고 가족의 중요성에 대한 소중한 교훈을 배우는 장면을 목격했습니다. 자녀들은 가족이 단지 좋은 시기에만 함께 있는 것이 아니라, 어려운 시기에도 서로를 돕고 지지한다는 사실을 알게되었습니다. 이러한 경험은 부모의 행동과 가치관이 자녀들에게 얼마나 깊은 영향을 미치며, 전통적인 교육을 넘어서 자녀들의 발달에 어떻게 큰 역할을 하는지를 보여주었습니다.

이러한 경험을 통해 저는 현대 가족 구조에서 자녀들의 성장을 지원하는 열쇠가 자녀들의 감정적, 심리적 안정을 의도적으로 양육하는 데 있음을 깨닫게 되었습니다. 부모로서 우리는 변화하는 가족 역할에 맞춰 양육 방식을 조정해야 한다는 사실을 인식해야 합니다. 더 이상 전통적인 모델에만 의존하는 것은 충분하지 않습니다. 우리는 자녀들과 적극적으로 소통하고, 급변하는 세상에서 그들이 직면한 필요와 도전을 이해해야 합니다.

제가 배운 중요한 교훈 중 하나는 열린 소통의 가치입니다. 역할 간 경계가 흐릿해진 오늘날의 가족 구조에서는 자녀들이 자신의 이야기를 들을 수 있고 이해받을 수 있는 환경을 조성하는 것이 매우 중요합니다. 자녀들이 자신의 감정과 생각을 표현하도록 격려함으로써, 우리는 그들의 감정적 성장을 더 잘 지원할 수 있고, 현대 생활의 복잡성을 헤쳐 나가도록 도울 수 있습니다.

또한 우리는 자녀들에게 보여주는 모범에 대해 신중해야 한다고 생각합니다. 자녀들은 우리가 말하는 것뿐만 아니라 우리가 행동하는 것으로부터도 많은 것을 배웁니다. 우리가 어려움을 어떻게 극복하는지, 서로에게 어떤 존중을 보여주는지, 다른 사람에게 어떤 공감을 갖고 있는지를 자녀들은 모두 지켜보고 내면화합니다. 자녀들이 수많은 외부 영향에 노출되는 세상에서, 우리는 그들의 버팀목이 되어 그들이 공감하고 회복력 있는 개인으로 성장할 수 있도록 바람직한 가치를 이끌어 주어야 할 책임이 있습니다.

제 여정과 우리 가족의 변화를 계속해서 되돌아보며, 저는 오늘날의 가족 구조에서 자녀의 발달과 성장을 이해하는 것이 단순히 변화에 적응하는 것만이 아니라 그 변화를 포용하는 것이라는 점을 상기하게 됩니다. 우리가 살아가는 방식과 상호작용하는 방식이 발전했음에도 불구하고, 사랑, 신뢰, 공감이라는 우리의 핵심 가치는 여전히 강한 가족의 토대라는 사실을 인식하는 것입니다. 이러한 가치를 계속해서 유지하고, 자녀들의 발달을 양육하는 데 신중함을 기울임으로써, 우리는 단순히 변화에 대처하는 것이 아니라 깊이 연결된 지지적인 가족을 만들어낼 수 있을 것입니다.

가족 구조 변화가 아동 발달에 미치는 영향

한때 아동 발달의 기초로 여겨졌던 가족 단위는 지난 몇십 년 동안 상당한 변화를 겪었습니다. 두 명의 부모와 가까운 곳에 거주하는 확장 가족으로 구성된 전통적인 가족 구조는 더욱 다양하고 복잡해졌습니다. 이러한 가족 구조의 변화는 자녀들의 발달에 깊은 영향을 미치며, 감정적 안정부터 사회적 행동, 교육적 성과에 이르기까지 다양한 측면에 영향을 줍니다.

대가족에서 핵가족으로의 전환

가족 구조에서 주목할 만한 변화 중 하나는 대가족에서 핵가족으로의 전환입니다. 과거에는 조부모, 이모, 삼촌, 사촌 등이 근처에 살거나 같은 집에 거주하는 대가족이 자녀 양육에서 중요한 역할을 했습니다. 아이들은 다양한 역할 모델과 강력한 지원 네트워크로부터 혜택을 받으며, 감정적인 안정감과 소속감을 느낄 수 있었습니다.

반면, 부모와 자녀로만 이루어진 핵가족은 오늘날 많은 지역에서 지배적인 가족 구조가 되었습니다. 핵가족은 더 친밀하고 집중된 환경을 제공할 수 있지만, 대가족이 제공하는 폭넓은 지원 네트워크가 부족한 경우가 많습니다. 이로 인해 부모는 일과 가사, 육아를 균형 있게 관리하는 데 어려움을 겪게 되며,

추가적인 스트레스를 받을 수 있습니다. 이러한 지원 네트워크가 없는 경우, 아이들은 고립되거나 외로움을 느낄 수 있으며, 대가족의 일원으로서 누릴 수 있는 풍부한 상호작용을 경험하지 못하게 될 수 있습니다. 지금 시대는 앱을 모르면 옛날의 문명시대나 같은 어려움을 겪는데 시대에 맞는 부모만의 시대적 응에 배우기도 어려운시대에 아이낳아 양육은 더더욱 힘든것임을 사회와 가족들은 알고 아이를 낳는 것은 엄마이지만 키우는 것은 온 가족과 지역사회에서 관심을 갖는다면 저출산율도 줄어들 것으로 생각합니다.

편부모 및 혼합가정의 증가

또 하나의 중요한 가족 구조 변화는 한부모 가정과 재혼 가정의 증가입니다. 이혼, 별거, 또는 한부모의 선택에 의한 한부모 가정은 자녀 발달에 있어 독특한 도전을 제기합니다. 연구에 따르면 한부모 가정의 아이들은 경제적 어려움을 더 자주 겪을 가능성이 있으며, 이는 그들의 정서적 안정감과 학업 성취에 부정적인 영향을 미칠 수 있습니다. 또한 부모 중 한 명이 부재한 상황에서, 아이들은 특히 비양육 부모와 정기적인 접촉이 없는 경우, 버림받았거나 상실감을 느낄 수 있습니다.

재혼 가정, 즉 부모 중 한 명 또는 양쪽 모두가 재혼하여 형성된 가정도 그들만의 도전을 동반합니다. 재혼 가정의 아이들은 새로운 가족 관계 속에서 새아버지, 새어머니, 의붓형제와의 복잡한 관계를 헤쳐나가야 하며, 이로 인해 혼란, 질투, 또는 경쟁심을 느낄 수 있습니다. 이러한 새로운 가족 역동에 적응하는 과정은 스트레스를 유발할 수 있으며, 세심한 관리가 이루어지지 않으면 행동 문제나 정서적 어려움으로 이어질 수 있습니다.

그러나 한부모 가정과 재혼 가정 모두 아이들에게 양육적인 환경을 제공할 수 있습니다. 특히 부모가 강한 소통과 정서적 지원, 일관된 양육 방식을 유지할 때 그렇습니다. 중요한 것은 부모가 자녀의 독특한 요구를 인식하고, 전통적인 방식이 아니더라도 함께 협력하여 자녀가 안전하고, 사랑받고, 지원받고 있다는 느낌을 받을 수 있도록 하는 것입니다.

맞벌이 가정의 영향

맞벌이 가정의 증가, 즉 부모가 모두 풀 타임으로 일하는 가정의 증가는 자녀 발달에 큰 영향을 미칩니다. 맞벌이 부모가 있는 가정은 경제적 안정성이 향상될 수 있지만, 이는 부모와 자녀 간의 상호작용 시간이 줄어들게 되는 부작용을 동반하기도 합니다. 맞벌이 가정의 아이들은 보육 시설이나 보모와 더 많은 시간을 보내게 될 수 있으며, 이는 부모에 대한 애착 형성과 전반적인 정서 발달에 영향을 미칠 수 있습니다.

또한, 맞벌이 가정을 운영하는 데 따르는 스트레스와 피로는 양육의 질에 부정적인 영향을 미칠 수 있습니다. 과로하거나 스트레스를 받은 부모는 자녀에게 인내심과 에너지가 부족할 수 있으며, 이는 부모-자녀 간의 갈등을 유발하고 의미 있는 소통의 부재로 이어질 수 있습니다. 이러한 상황은 자녀의 정서적 성장을 저해하고, 심지어 행동 문제를 일으킬 수 있습니다.

긍정적인 면에서, 맞벌이 가정의 아이들은 어린 시절부터 독립성과 책임감을 배우는 등 가치 있는 삶의 기술을 습득할 수 있습니다. 또한, 보육 시설이나 방과 후 프로그램에서 경험하는 다양한 사회적 상호 작용을 통해 긍정적인 영향을 받을 수 있습니다. 중요한 점은 부모가 바쁜 일정 속에서도 자녀와 함께하는 질 높은 시간을 우선시하고, 열린 소통을 유지하는 것입니다.

기술의 역할과 변화하는 사회 규범

기술의 발전과 사회 규범의 변화는 가족 구조를 재편성하였고, 이로 인해 아동 발달에도 영향을 미치고 있습니다. 디지털 커뮤니케이션의 증가로 인해 가족들이 실제로 대면하기보다는 가상으로 더 자주 연결되게 되었습니다. 이는 가족 구성원들이 새로운 방식으로 연락을 유지할 수 있는 장점을 제공하는 반면, 강한 정서적 유대감을 형성하는 데 중요한 대면 상호작용의 감소로 이어질 수 있습니다.

가족구조 변화에 따른 사회적 문제와 대책

제 인생과 가족구조의 변화를 돌아볼 때, 이러한 변화가 심각한 사회적 문제를 초래했다는 사실에 놀라움을 금치 못합니다. 한때 강력한 지원 시스템을 제공했던 전통적인 대가족 모델이 점점 더 다양한, 그리고 때로는 분열된 가족구조로 대체되었고, 이러한 변화는 우리 사회가 시급하고도 자비롭게 해결해야 할 여러 가지 사회 문제를 야기했습니다.

이 변화로 인해 대두된 시급한 문제 중 하나는 세대 간 유대감의 약화입니다. 과거에는 대가족이 가까운 곳에 거주하며 조부모가 아이들을 키우는 데 중요한 역할을 했습니다. 이러한 배치는 부모에게 추가적인 지원을 제공할 뿐만 아니라, 자녀들에게 전통과 정체성의 연속성을 제공하였습니다. 하지만 핵가족화, 도시화, 현대 생활의 요구로 인해 이러한 연결 고리가 약해졌습니다. 그 결과 오늘날 많은 아이들은 대가족과의 상호작용이 제한된 채 성장하게 되며, 이는 문화 유산의 상실과 소속감의 약화로 이어집니다.

이 세대 간 단절은 노인의 사회적 고립에도 영향을 미쳤습니다. 전통적인 가족 환경에서는 노인들이 지혜와 경험을 인정받으며 가족의 일원으로 활동적인 역할을 수행했습니다. 하지만 오늘날 많은 노인들은 가족과 단절된 채 홀로 지내고 있습니다. 이러한 고립은 외로움, 우울증, 신체적·정신적 건강의 악화를 초래할 수 있으며, 이는 한때 가족 생활을 정의했던 상호 돌봄과 존중의 가치에서 우리가 얼마나 멀리 벗어나 있는지를 보여주는 안타까운 현실입니다.

가족구조 변화로 인해 발생한 또 다른 중요한 문제는 특히 한부모 가정과 맞벌이 가정에서 부모에게 가해지는 압박의 증가입니다. 육아 책임을 공유하는 대가족의 수가 줄어들면서 부모들은 일과 가사, 그리고 자녀 양육을 혼자 감당해야 하는 경우가 많습니다. 이는 만성적인 스트레스, 피로, 가족 내 관계의 긴장으로 이어질 수 있습니다. 그 결과, 자녀는 충분한 관심과 정서적 지원을 받지 못하게 되어, 이는 아이들의 발달과 웰빙에 부정적인 영향을 미칠 수 있습니다.

이혼율의 증가도 이러한 역학을 더욱 복잡하게 만듭니다. 더 많은 가정이 분리 경험을 하면서, 아이들은 종종 그 중간에 끼어들게 되어 새로운 생활 방식과 관계에 적응하는 데 어려움을 겪습니다. 이혼이 초래하는 정서적 부담은 심각할 수 있으며, 아이들은 불안, 혼란, 버림받은 듯한 감정을 느끼게 됩니다. 또한 이혼으로 인해 발생하는 재정적 부담은 이러한 문제를 더욱 악화시키며, 특히 한부모 가정의 경우에 그렇습니다.

이러한 사회적 도전 과제를 고려할 때, 우리는 현대 생활의 복잡성을 헤쳐 나가는 가족을 지원하기 위한 선제적 조치를 취해야 함이 분명합니다. 이를 해결하는 가장 효과적인 방법 중 하나는 강력한 세대 간 관계를 육성하는 것입니다. 우리는 세대 간 상호작용을 장려하는 지역사회 프로그램을 통해, 그리고 모든 가족 구성원이 정기적으로 함께 모일 수 있는 가족 전통을 촉진함으로써 세대 간의 연결을 다시 회복할 방법을 찾아야 합니다. 이러한 연결을 소중히 여기고 보존함으로써, 우리는 가족 내에서 연속성과 소속감을 회복하는 데 도움을 줄 수 있습니다.

또한, 우리는 부모들이 일과 양육이라는 두 가지 역할을 동시에 수행할 수 있도록 지원하는 정책과 이니셔티브를 적극적으로 옹호해야 합니다. 여기에는 유연한 근무제도를 장려하고, 저렴한 보육 서비스를 제공하며, 부모 모두가 자녀의 성장 과정에 충분히 함께할 수 있도록 육아 휴직을 보장하는 것이 포함됩니다. 더 나아가, 부모의 부담을 덜어주고 필요할 때 자원을 제공할 수 있는 지역 사회 지원 네트워크의 발전을 촉진해야 합니다.

이혼 문제를 해결하기 위해서는 가족들이 이혼의 복잡성을 헤쳐 나갈 수 있도록 도와주는 상담 및 중재 서비스를 제공하는 것이 필수적입니다. 이러한 서비스는 자녀에게 미치는 영향을 최소화하는 데 초점을 맞추고, 과정 전반에서 자녀의 정서적 및 심리적 필요가 충족되도록 해야 합니다. 또한, 관계 기술, 의사소통 전략, 갈등 해결 방법을 가르치는 교육 프로그램을 장려하여 부부가 건강한 결혼 생활을 구축하고 유지하는 데 필요한 도구를 제공해야 합니다.

이러한 해결책의 핵심은 가정과 사회 전반에서의 인성 교육에 대한 새로운 초점입니다. 제 개인적인 경험에서 배운 것처럼, 단순히 아이들에게 학업적 기술을 가르치거나 직업을 준비시키는 것만으로는 충분하지 않습니다. 우리는 아이들에게 공감, 책임감, 회복력을 심어주어야 합니다. 이러한 자질은 강력한 가족 관계의 기초이며 현대 생활의 도전을 헤쳐 나가는 데 필수적입니다.

지난 수십 년간의 가족 구조 변화는 심각한 사회적 문제를 야기했습니다. 그러나 이러한 문제는 세대 간 연결을 강화하고, 부모를 지원하며, 이혼 문제를 해결하고, 인성 교육을 촉진함으로써 해결할 수 있습니다. 이러한 노력을 통해, 우리는 모든 형태의 가족을 소중히 여기고 지원하는 동시에 모든 개인이 번영할 수 있는 기회를 보장하는 사회를 만들 수 있기를 바랍니다.

이혼 문제를 해결하기 위한 교육 프로그램

제 인생에서 이혼 문제와 관련된 경험들은 가족의 가치를 깊이 깨닫게 해주었으며, 건강한 가정을 유지하는 것이 얼마나 중요한지 절실히 느끼게 해주었습니다. 특히 결혼 생활이 어려워지고 갈등이 깊어질 때, 그러한 문제들을 해결할 수 있는 지식과 기술을 미리 배우는 것이 얼마나 중요한지 뼈저리게 느꼈습니다. 이러한 깨달음은 교육 프로그램의 필요성을 새롭게 인식하게 했습니다. 저는 결혼과 이혼, 갈등과 해결, 부모와 자녀, 부부 관계와 같은 기본적인 영역에서 생각을 공유하고 이해하는 과정을 통해 배운 지식을 바탕으로 한 교육 프로그램이 이혼을 예방하고 건강한 가정을 유지하는 데 큰 도움이 될 수 있다고 믿습니다.

교육 프로그램들은 결혼을 준비하는 과정에서 필요한 정보를 제공하고, 교육 과정을 이수한 사람들에게 수료증을 발급하는 방식으로 결혼 준비의 필수적인 부분이 될 수 있습니다. 제 경험에 따르면, 결혼에서 가장 중요한 것은 가족에게까지 확장되는 소통과 갈등 해결입니다. 하지만 이러한 것들이 자연스럽게 이루어지지 않기 때문에, 이를 위한 교육이 필요합니다. 예를 들어, 가족 구성원 간의 관계를 강화하는 교육, 재정 관리, 자녀 양육 등에 대한 교육이 필요합니다. 이 모든 것들이 결혼을 더 행복하고 건강하게 유지하는 데 필수적입니다.

　이러한 교육 프로그램은 평생교육원에서 제공되어야 하며, 이혼을 줄이고 건강한 가족을 유지하기 위한 다양한 주제를 다루어야 할 것입니다. 만약 제가 이 교육을 받았다면, 아마도 더 나은 결혼 생활을 했을 것이라고 생각합니다. 그렇기 때문에 저는 이러한 교육 프로그램이 이혼을 예방하고 건강한 가정을 만드는 데 중요한 역할을 할 것이라고 확신합니다.

　건강한 가정과 행복한 결혼은 사회의 안정과 번영할 수 있도록 가교역활 프로그램으로 접목시켜 소통이 되도록 예정입니다. 이러한 교육 프로그램이 사회 전반에 긍정적인 영향을 미칠 것이며, 더 많은 사람들이 행복한 결혼 생활을 이루는 데 도움이 되기를 바랍니다.

기관명	서울미래지식평생교육원	교육 횟수	(2부) 5-8회
업종	평생교육기관	교육 기간	4주
교육 과정명	결혼준비교육	교육 시간	매주 토 10:00-12:00(2H)
교육 대상	예비 및 신혼기 부부 지역주민 기혼부부 함께 미팅하기 (50명)		

구분 (회차)	교육일자 (시간)	교과목명	저출산과 고령화교육 고부갈등 해소	교수 학습 방법	준비물
5회차	(토) 10:00 -12:00	실기 및 결혼과 가족에 대한 이해를 실기로 다뤄보기	- 가족 구성원들 간의 솔직하고 열린 대화여행 - 가족간의 공유와 공감 응원에 대해 실제 실기로 입장 바꾸어 생각하기 - 중요공감: 문화예술프로그램으로 서로 공감하기 - 가족간의 집안 들먹이지 않기		결혼준비 상태 검사지
6회차	(토) 10:00 -12:00	성 역할과 부부 관계	- 가족이 함께 자격증 취득 공부하기 - 성 별의 역할 바꿔보기 - 집안 살림에 대해 서로 분담	강의 활동 토론	성격 특성 검사지
7회차	(토) 10:00 -12:00	부부간의 기술 소통의 방법	- 대화의 방법 대화의 기법 - 갈등해결을 위한 상대 역할 해보기 - 대화는 산책으로 공기정화 - 부부간의 실습 서로 타협	강의 활동	대화 진단표

구분 (회차)	교육일자 (시간)	교과목명	교육 내용	교수 학습 방법	준비물
8회차	(토) 10:00 -12:00	문제 해결 방법	[사랑] - 서로의 요구와 욕구를 존중하고 타협점을 찾는 방법을 연극으로 풀어보는 극단 해보기 - 문제 해결: 사물놀이로 즐거움을 찾으며 관계 회복하기 - 친정과 시집에 대한 부모님 모시고 여행하기 - 전문가의 특별강의	강의 활동	실습하며 오솔길을 걸으며 관계 회복하기

<이혼 문제를 해결하기 위한 교육 프로그램 - 프로그램 세부일정표>

사회적 문제를 해결하는 데 있어 가족의 중요한 역할

제 삶을 되돌아보면, 가족이 단순히 함께 사는 개인들의 집합체가 아니라, 각 구성원이 중요한 역할을 담당하는 역동적인 시스템임을 깨닫게 되었습니다. 사회가 발전하면서, 대가족에서 핵가족으로의 변화, 한부모 가정의 증가, 맞벌이 부모의 증가 등 전통적인 가족 의존도가 줄어드는 가족 구조의 변화가 있었습니다. 이러한 변화는 심각한 사회적 도전 과제를 가져왔으며, 이러한 문제를 해결하는 열쇠는 가족 역할 수행, 특히 자녀의 역할을 재강조하는 데 있다고 믿습니다.

제가 성장한 가족에서는 각 구성원이 명확한 역할을 가지고 있었고, 전체 가족의 안녕에 기여했습니다. 막내로서 저는 부모님과 형제자매를 통해 배운 것들이 있었으며, 가족이 원활하게 운영 되도록 하기 위해 모두가 일정한 역할을 한다는 것을 이해했습니다. 부모님은 물질적으로 우리를 부양하는 데 그치지 않고, 책임감, 존중, 공감과 같은 가치를 심어주기 위해 끊임없이 노력하셨습니다. 이러한 교훈은 단순한 말이 아니었습니다. 그들은 행동으로 표현되었고, 저는 그것을 깊이 흡수하게 되었습니다.

제가 자녀들을 키우면서 현대 생활의 요구가 가족을 운영하는 방식을 얼마나 변화시켰는지를 깨달았습니다. 한때 가족 내에서 구조와 지지를 제공하던 전통적인 역할은 더 이상 명확하게 정의되지 않았습니다. 부모가 점점 더 집 밖에서 일하게 되면서, 자녀들의 역할도 변화했습니다. 많은 면에서 그들은 더 독립적이 되었지만, 이 독립성은 때때로 책임감과 가족 유대감의 상실을 대가로 치르기도 했습니다.

제가 가족 역할의 중요성을 깨닫게 된 주요 경험 중 하나는 제가 박사 과정을 마치면서 학문적 책임과 가족 양육의 요구를 동시에 균형 있게 맞춰나가던 때였습니다. 한편으로 놀라웠던 점은, 당시 결혼하지 않은 조카가 저희 집에 와서 저에 시동생인 아빠를 케어하게 되었습니다. 시동생인 아버지를 돌보는 모습은 지극정성였습니다.

그 조카는 가족 내에서 자신만의 딸에 역할을 충분히 하면서 지극정성으로 투병 생활한 아버지 케어를 해드리는 것을 볼 때마다 결혼은 필수다는 것을 더 알게 되었습니다. 시안부 생활하는 아버지를 케어하는 딸은 보기 드문 부녀 간였습니다.

가족이 없이는 죽음을 함께 자리에 지켜주는 사람은 극히 드물다고 생각합니다. 아빠를 돌보느라 회사도 제대로 못가고 케어를 해드리는 모습을 보았고, 부녀지간의 삶이 우리에게는 매우 아름다워 보였습니다. 우리는 각자가 가족 안에서 맡은 역할을 이해했습니다. 집안일을 돕는 것에서부터 다정한 한마디를 건네는 것까지, 이는 가족이 어려운 시기를 함께 이겨내는 과정이었습니다.

 이런과정에서 만일 결혼하지 않고 혼자서 생을 마감한다면 얼마나 외로울 일까요
 결혼은 필수라고 생각하며 돈이 아무리 많이 벌어 놓아도 죽을때는 한푼도 가져 갈수 없으며 가족사업에 투자해도 괜찮은 사업이라고 전합니다.

 이 경험을 통해, 자녀가 단순한 가족의 수동적 구성원이 아니라는 것을 배웠습니다. 자녀는 현대 사회의 치열한 경쟁 속에서 필수적이고 강인한 존재임을 깨달았습니다. 특히 가족 구조가 빠르게 변화하는 사회에서 자녀의 역할을 인식하는 것은 매우 중요합니다. 부모로서 우리의 책임은 자녀들이 가족 내에서 자신의 중요성을 이해할 수 있도록 하는 것입니다. 이는 단순히 집안일이나 책임을 부여하는 것 이상을 포함합니다.

 자녀들에게 그들의 행동과 결정을 이끌어 줄 가치를 가르치는 것이 포함됩니다. 이를 통해 우리는 자녀들이 자아발달에 필수적인 정체성과 소속감을 키울 수 있도록 도와주는 것은 모두가 가족에서 이루어진다고 생각합니다. 아빠 건강을 케어 해

드린다고 결혼도 안하고 있었는데 아빠는 가족의 품안에서 하늘나라를 편안하게 보내드리며 좋은 신랑만나서 결혼하여 지금은 아이 낳아 예쁜 가족을 꾸미고 잘 살고 있습니다.

아이들의 개인적 성장은 단순히 학업 성취나 개인적 성공에만 국한되지 않습니다. 그것은 자신이 가족과 사회라는 더 큰 맥락 속에서 자신의 역할을 이해하고 성장하는 것을 의미합니다. 아이들이 가족 내에서 책임을 인정받을 때, 그들은 협력, 공감, 문제 해결과 같은 중요한 삶의 기술을 배웁니다. 이러한 기술은 개인의 성장뿐만 아니라 더 넓은 사회적 문제를 해결하는 데도 필수적입니다. 그러므로 결혼은 해야 부모님의 마음도 헤아릴 수 있다고 생각합니다. 결혼은 필수라고 생각하며 결혼은 매우 건강한 가족을 만드는데 기여하고 나라에 애국하는 길이라고 주장합니다.

오늘날 우리가 직면하고 있는 고령화로 인한 고립 문제, 한부모 가정의 어려움, 맞벌이 가정의 부담과 같은 사회적 문제를 볼 때, 저는 가족의 역할을 강화하는 것이 해결책을 찾는 열쇠라고 확신합니다. 가족 구성원이 각자의 역할을 이해하고 이를 수행할 때, 가족은 안정성과 지지를 제공하는 원천이 됩니다. 이는 궁극적으로 사회 전체에 긍정적인 영향을 미치며, 각 나라가 더욱 연구하고 검토해야 할 중요한 과제라고 생각합니다.

아이들의 자아발달에 있어 가족의 역할은 아무리 강조해도 지나치지 않습니다. 자신이 가치 있게 평가받고, 자신의 기여가 인정받으며, 타인을 돌보는 법을 배우며 성장한 아이들은 더 책임감 있고 공감하는 어른으로 자라날 가능성이 높습니다. 이러한 사람들은 사회에 긍정적으로 기여하고, 약화된 가족 구조에서 발생하는 문제들을 해결하는 데 도움을 줄 것입니다. 이것이 바로 개인의 인성입니다.

제 삶에서, 저는 가족의 힘이 가장 어려운 시기를 어떻게 이겨내게 해주는지를 보아왔습니다. 시동생의 조카딸이 아빠를 돌보면서 제 아이들이 그 과정을 통해 성장하고 발전하는 모습을 보며, 가족 역할의 중요성에 대한 제 믿음은 더욱 깊이있는 마음였습니다. 우리는 가족 내에서 부모, 자녀, 그리고 돌봄자의 역할을 받아들일 때 서로를 지원할 뿐만 아니라, 우리 공동체의 더 큰 이익에도 기여한다는 것을 깨달았습니다.

이러한 경험을 돌아보면서, 저는 가족이 강하고 회복력 있는 개인을, 나아가 강하고 회복력 있는 사회를 구축하는 기초라는 것을 더욱 확신하게 되었습니다. 가족 내에서 각자의 역할을 인식하고 이를 수행하며, 자녀들에게도 그 역할을 가르침으로써 우리는 변화하는 가족 구조에서 발생하는 사회적 문제들을 해결할 수 있습니다. 공감, 책임감, 배려라는 가치가 가르침을 넘어서 가족과 사회에서 실천되는 미래를 우리는 만들 수 있을 것입니다.

결혼을 통한 사용설명서의 필요성 : 경험에서 얻은 교훈

결혼 생활을 돌아볼 때마다 자주 이런 생각을 하게 됩니다. '결혼에 대한 매뉴얼이 있었다면 우리의 삶은 얼마나 달랐을까?' 가전제품을 구매할 때는 사용 설명서가 있음에도 불구하고, 우리 인생에서 가장 중요한 부분인 결혼에는 왜 매뉴얼이 없을까 하는 생각이 듭니다.

결혼 후 임신하여 아이를 갖게되고 가족이 늘어나면 많은 위기와 불편이 찾아 옵니다. 그런데 이러한 문제 앞에서 누구에게 물어보고 해결책을 찾을 수 있을까요? 어떻게 해야 이러한 문제를 잘 해결해 나갈 수 있을까요? 가족이 갑자기 늘어나고 어떤 아이가 태어날지 모르는 상황에서, 아이가 태어난 후 '가족'이라는 큰 "'책임'"을 맡게 되는 일이 얼마나 큰 과업인지 깨닫게 됩니다.

하지만 위기 상황에서 멘토가 필요할 때 그를 잘못 찾아 헤매면 결국 이혼에 이르게 됩니다. 집에서는 소중한 자녀로 자랐지만, 결혼 생활에서는 그런 인정을 잘 받지 못하고 모든 어려움을 겪으며 헤쳐나가야 할 때, 살아온 경험자로서 삶의 지침서가 필요하다고 생각하게 됩니다. 만약 결혼에 대한 자격증을 취득한 사람에게 추가 점수를 주는 정책이 있다면, 우리의 젊은이들이 결혼에 대해 깊이 생각하게 될 것이라고 믿습니다.

 아이들을 함께 키우고, 아이들과의 갈등을 겪고, 때로는 남편과 부딪치면서 저는 이 매뉴얼의 부재가 얼마나 큰 문제를 초래할 수 있는지 절실히 느꼈습니다. 결혼 초기에 우리는 서로 다른 환경에서 자라왔고, 가치관과 세계관이 달랐습니다. 이러한 차이점은 결혼 초부터 갈등을 일으켰고, 때로는 작은 다툼이 큰 문제로 번지기도 했습니다.

 남편과의 차이점, 아이 양육의 부담, 그리고 가정과 직장생활을 균형 있게 유지하는 것이 얼마나 어려운지를 깨달으며, 저희 부부는 결혼에 대해 너무 무지하게 들어섰고, 저희 같은 가족은 살아남을 수 없다는 생각을 하게 되었습니다. 이런 문제들을 결혼 전부터 인식하고, 해결 방법에 대한 교육을 받았다면 문제를 극단적인 상황으로 몰고 가지 않았을 수도 있다고 생각합니다.

 결혼 생활에서 가장 중요한 것은 부부는 서로를 지지하고 응원하는 것입니다. 또한 자녀들에게도 부모의 의견을 참고하여 그들만의 삶을 만들어 갈 기회를 주는 것이 중요합니다. 이런 맥락에서 결혼 매뉴얼이 한국 사회에서 발생하는 이혼 문제를 해결하는 작은 실마리가 될 수 있다고 생각합니다. 결혼에서 발생할 수 있는 갈등과 문제들을 예측하고 이에 대응하는 방법을 제시하는 매뉴얼은 많은 부부들이 더 나은 결혼 생활을 영위하는 데 도움을 줄 것입니다.

결혼 매뉴얼은 단순한 설명서가 아니라 결혼 생활을 준비하는 모든 이들에게 필수적인 도구입니다. 이를 통해 부부는 서로의 차이를 이해하고, 갈등을 해결하며 더 건강하고 행복한 가정을 만들 수 있을 것입니다. 제 경험을 통해 배운 이 중요한 교훈을 여러분과 나누고 싶습니다.

이러한 프로그램을 만들어 평생교육원에서나 학교 과목에서 실행한다면 결혼을 기피하는 젊은이들의 마음을 변화 하는데에 유익한 과정이라고 생각합니다. 대학의 교육학과에서 평생교육사 평생교육론, 평생교육방법론, 평생교육경영론, 평생교육프로그램개발론, +평생교육실습 위와 같은 과목학점을 따고 자격증을 취득하려면 평생교육실습 과목 실습을 160시간을 이수해야 자격증이 나옵니다.

일반에 교육에는 1년에 평생교육사의 자격증을 취득 하고 나오는 학생들에게도 무언가 일할 수 있는 평생교육사 자격증입니다. 그런데 결혼이란 적게는 70여년 많게는 100세를 넘는 시간을 함께하는데 자격증 없이 간다는 것은 너무 준비 없이 가기 때문에 이혼율이 많이 생긴다고 주장하고 싶습니다. 결혼을 시작하게 된 동기서부터 마칠 때까지의 문제는 간간히 생길 수 있는데 그때마다 위기에 처해 있을 때 자문받는 곳도 있어야 하지만 어디에서 받는지를 모르고 결혼한다는 것이 준비없이 가는 것 아닐까요? 대학을 누구나 다 졸업하고 결혼한다는 보장도 없고 부모님께서 생존해 계신다는 보장도 없는데 그때마다 문제는 예고없이 생길수있는데 어디가서 자문을 구하는 것에도 모르고 사랑으로만 결혼하는 경우가 많이 있는 것을 볼 때마다 아쉬움였습니다.

　사람은 수시로 변화하는 것이 인간인데 결혼이란 것은 사랑이 변했다고 헤어진다면 미혼였을 때는 이것도 경험이다고 치부할수 있다 하지만 결혼을 하고서 집안에 갈등과 사랑이 식었다는 이유로 이혼을 하게 되는 사례를 볼 때마다 가슴이 아팠습니다. 왜냐면 좋았다 싫어졌다 하는 것이 인생인데 매번 좋은 일만 있을 수는 없는데 조금 마음에 안든다고 헤어질거라면 자기일에 책임을 해피하는 계기가 되고 한번 헤어지고 나면 훌훌 날아갈 것 같지만 문제는 어디선가 기다렸듯이 무엇인가가 대기 하고 있는 것이 인간의 삶이라고 전하고 싶습니다.

　문제에 해답은 책속에 있습니다. 문제를 해결하려면 이웃집 친구나 선배에게 물어 보는 것 보다 책을 보고 공부하여 내 문제는 내가 풀어야 합니다. 저는 결혼 자격증이란 것을 고민하고 연구하여 이 책을 내기까지는 7~8년 준비하고 연구했던 책이라고 말 할 수 있습니다.

가정과 사회, 학교에서의 인성 교육의 필요성

제 삶을 돌아보면, 인성 교육이 나의 성장과 주변 사람들의 발전에 얼마나 깊은 영향을 미쳤는지 깨닫게 됩니다. 공감, 책임감, 존중과 같은 가치를 중시하는 가정에서 자라면서, 저는 일찍이 인성이 한 사람의 삶을 형성하는 데 있어 얼마나 중요한지 배웠습니다. 이러한 교훈은 단지 말로만 가르쳐진 것이 아니라, 부모님과 형제들이 일상 속에서 이러한 가치를 몸소 실천함으로써 저에게 큰 본보기가 되었습니다.

제가 아이들을 키우기 시작하면서, 가정에서 인성 교육의 전통을 이어가는 것이 얼마나 중요한지 다시금 깨닫게 되었습니다. 학업적 성취와 물질적 성공이 점점 더 중시되는 세상에서, 강한 도덕적 가치를 심어주는 것을 소홀히 할 수 있는 상황이 많지만, 저는 인성 교육이 회복력, 윤리적 의사결정, 그리고 긍정적인 사회적 상호작용을 위한 기반을 제공하는 것을 직접 경험했습니다.

하지만 현대 사회에서 우리는 상류층 여성들이 드러나고 증명되는 일부를 보며, 결혼을 앞둔 절대적으로 필요한 인성 교육은 이러한 필수적인 인격에 대한 존중을 요구한다고 봅니다. 우리가 추구하는 교육 받은 사람들과 그렇지 않은 사람들의 인격을 혼동해서는 안 되며, 모든 사람들에게 동일한 교육을 제한 없이 제공하고, 이러한 교육 과정이 필수적임을 깨닫게 하는 교육 센터라는 점을 주장하고 싶습니다. 이는 가족 경영을 통해 세대가 함께 걷는 길이며, 마치 소풍 같은 삶을 위한 길이라고 생각합니다.

과거의 가부장적 사회에서는 아버지의 말이 백과사전과 같았습니다. 그러나 지금은 시대가 급격히 변하고 있으며, 우리는 '앱 시대'로 넘어가고 있습니다. 과거에 배웠던 것들은 이제 시대와 함께 사라지고 있습니다. 우리는 가정 내에서 관습을 보존하고 특별한 순간들을 가족 안에서만 지켰지만, 이제는 자녀들에게 배워야 하는 시대에 살고 있습니다. 그러나 자녀에게만 의존해서는 안 되고, 시대에 맞추어 나가기 위해서는 스스로도 배워야 합니다. 배우지 않으면 시대에 뒤처질 수밖에 없습니다.

저는 이제 공부가 생존의 유일한 방법이라고 생각합니다. 앱을 모르면 사회 활동에서 소통이 매우 어렵기 때문입니다. 따라서 저는 세대가 서로 공유하고, 공감하며, 서로를 인정하는 가족으로 변화해야 한다고 생각합니다. 저자는 나이 든 세대는 기꺼이 돈을 쓰고, 젊은 세대는 빠르게 변화하는 정보를 공유하며, 부모님이 묻는 질문에 10번 혹은 100번이라도 대답해 드려야 한다고 주장하고 싶습니다. 그렇게 해야만 부모님이 시대에 뒤처지지 않으리라고 생각합니다.

 우리가 자녀를 낳은 후, 자녀가 말을 배울 때까지 10번, 100번이나 질문을 반복하게 합니다. 저는 그것을 수없이 봐왔습니다. 그러나 저는 자녀들이 다시 질문할 때마다 대답해 줍니다. 그런데 내 아이들이 나에게 두 세 번 정도 질문을 하고 나면 다시 물어보라고 말하기를 잊어버렸느냐고 물을 때가 있습니다. 이러한 문제들이 해결되면, **저는 3세대가 함께하는 삶이 마치 소풍같은 인생이 아닐까 생각합니다.**

 가족 경영의 기본은 가족이 질문하는 횟수를 세지 않고, 그들이 알 때까지 알려주며 용기를 잃지 않도록 힘을 주는 데 있다고 봅니다. 가족 구성원은 자존심을 버리고 진심으로 소통해야 합니다. 또한 가족은 용서가 수반되어야합니다. 잘 될 때까지 가족 구성원으로서 해야하는 것은 끝은 없습니다. 죽을때까지 가족의 구성원으로 책임을 다 해야하고 실력과 능력이 없어도 가족이고 병이 들어도 우리가족임을 잊어서는 안된다는 것을 가족끼리 한 마음이 되어야 합니다.

가족 경영과 프로그램

가족 경영은 대화로서 공감과 소통으로도 해결하지만 이러한 성격검사로도 서로의 성향을 알아보면서 서로에게 맞춰 보는 것도 하나의 방법일 수도 있습니다.

가족 경영의 프로그램 계획서

(MBTI 성격에 따른 사람관계 의사소통 개선 교육 프로그램)

[개요]

- 프로그램명 :
MBTI 성격에 따른 부부간의 의사소통 개선법 프로그램

1. 나의 MBTI 유형 : 강점과 약점을 알아보자
자신의 MBTI 유형을 파악하면 자신과 타인을 더 잘 이해할 수 있습니다. 자신의 강점과 약점을 명확히 인지하고 이를 바탕으로 목표 설정, 커뮤니케이션 방식, 업무 스타일 등을 개선할 수 있습니다.

2. 나의 성향과 발전 방향 : MBTI로 나를 발전시키자
MBTI는 단순히 성격 유형을 나누는 것 이상의 의미를 지닙니다. 자신에게 맞는 학습 방식, 직업 선택, 리더십 스타일, 인

간 관계 개선 등 다양한 측면에서 실질적인 도움을 줄 수 있습니다. MBTI를 활용하면 자신의 성향에 맞는 학습 전략을 수립하고, 장점을 극대화하고 단점을 보완하는 방향으로 발전할 수 있습니다.

3. MBTI 활용 사례 : 다양한 분야에서 활용되는 MBTI

MBTI는 직장, 학교, 가정 생활 등 다양한 분야에서 활용되고 있습니다. 직장에서는 팀워크 향상, 리더십 개발, 직무 적합성 평가, 효과적인 의사소통 등에 활용됩니다. 학교에서는 학습 스타일 파악, 진로 상담, 학습 효율 증진에 도움을 줄 수 있습니다. 가정 생활에서는 부부 관계 개선, 자녀 양육 방식, 가족 구성원 간의 이해 증진 등에 활용될 수 있습니다.

4. MBTI 활용의 한계 : MBTI에 대한 오해와 편견

· MBTI는 유용한 도구이지만, 절대적인 기준이 아닙니다. MBTI 결과는 개인의 성격을 완벽하게 설명할 수 없으며, 개인의 노력과 환경에 따라 변화할 수 있습니다. 또한, MBTI는 고정적인 프레임이 아닌, 개인의 성장과 발전을 위한 지침으로 활용해야 합니다.

가족 공감의 순서

성숙한 공감은 단단히 닫힌 마음의 문을 열고 서로 신뢰할 수 있게 하지만, 잘 조율되지 않거나 미성숙한 공감은 다양한 문제를 일으킬 수 있습니다. 상대방을 지나치게 배려하다가 자신이 곤란에 빠질 수 있고, 상대방의 생각에 너무 깊이 빠져서 자신이 병에 걸리며 주변 사람들에게 걱정을 끼칠 수도 있습니다. 공감이 동정으로 잘못 이해될 때, 저는 세대 간의 공유, 공감, 그리고 리더십 개발이 이루어지는 것이 가족 경영의 중요한 부분이라고 믿습니다.

가족 관계뿐만 아니라 대인 관계에서도 소통이 특히 중요하다고 생각하지만, 소통에도 단계가 있습니다. 우선 상대방에게 공감해야 합니다. 상대방에게 공감하지 않고 단지 동의만 한다면, 주변 사람들에게 걱정을 끼칠 수 있습니다.

현실과 동떨어졌다는 비판을 받을 수 있는 미성숙한 공감을 조절하기 위해 지켜야 할 네 가지 규칙이 있습니다. 첫째, 처음부터 자신을 불행하게 만드는 도움을 주어서는 안 됩니다. 모든 공감은 나 자신에게 공감하는 것에서 시작해야 합니다. 둘째, 공감은 지나친 동정이 되어서는 안 됩니다. 상대방의 불행한 상황에 함께 고통을 느끼기보다는, 그 어려움을 극복할 수 있도록 힘과 용기를 주어야 합니다. 셋째, 공감에 대한 대가로 상대방에게 원하는 바를 명확하게 표현해야 합니다. 내가 힘들 때 상대방이 내 곁에 있어주거나 감정적으로 반응해 주길 바란다면, 솔직하게 이를 전하는 것이 좋습니다. 넷째, 파트너와 싸우지 않고 오랜 관계를 유지하고 싶다면, 즐겁기 전(신기율작가)에 싫어하는 것은 최대한 줄여야 하며 용서와 응원 공감은 필 수 있습니다.

공감은 균형을 이루어야 합니다. 가족 경영은 세대가 함께 걷고 공존하며 소통하는 가정으로, 리더십이 자립을 가능하게 하는 중요한 역할을 합니다. 그러나 인성 교육은 가정에서만 이루어질 수 없습니다. 사회에서 강화되어야 하며 학교 교육 과정에 통합되어야 합니다. 제가 박사 과정을 밟으며 암 투병 중인 시동생을 돌보던 경험을 통해, 우리 가족 내에서 공감과 자비가 가진 힘을 보았습니다. 그러나 또한 사회가 종종 이러한 가치를 개인주의와 경쟁으로 인해 무시하는 모습을 보기도 했습니다. 이 경험을 통해 학교와 지역 사회가 인성 교육에 적극적으로 나서야 한다는 필요성을 공감하게 되었습니다.

오늘날 급변하는 세상에서, 사회적 고립, 윤리적 딜레마, 도덕적 혼란과 같은 문제들이 만연한 가운데, 인성 교육은 그 어느 때보다 중요합니다. 가정에서부터 학교, 그리고 더 넓은 사회에 이르기까지 이를 적용함으로써 성공적일 뿐만 아니라 공감하고 책임감을 가진, 세상에 긍정적으로 기여할 수 있는 사람들을 양성할 수 있습니다. 이러한 교육의 전체적인 접근 방식은 인성과 지능, 성취를 동일하게 중시하는 더 자비롭고 공정한 사회를 건설하는 데 필수적입니다.

5장

사회적 영향력과 유산

물질적 부를 넘어서는 영적 유산 속에서 심각한 때

지속적인 유산을 남기는 인성교육의 역할

차세대 육성

문화유산 사회 변화의 기초를 직시하면서

미래 유산으로서의 리더십

영적, 문화적 영향을 통해 사회를 변화시키다

물질적 부를 넘어서는 영적 유산 속에서 심각한 때

제 삶을 되돌아보면서 깨닫게 된 가장 중요한 것은 우리가 남길 수 있는 가장 오래 지속되는 유산은 물질적인 부가 아니라, 미래 세대의 성품을 형성하는 정신적이고 문화적인 가치라는 점입니다. 점점 더 물질적인 성공에 집중하는 사회에서, 이 무형의 유산이 지니는 깊은 영향을 간과하기 쉽습니다. 그러나 공감, 책임감, 존중, 그리고 회복력과 같은 가치야말로 우리 자신을 정의하고, 우리가 세상에 어떻게 기여할지를 인도하는 힘이 됩니다.

저 자신의 경험과 때때로 소홀히 했던 시간들을 깊이 생각해보면, 이러한 가치들이 부모님에 의해 나에게 얼마나 깊이 뿌리내려졌는지 깨닫게 됩니다. 부모님께서는 진정한 부는 우리의 성품과 관계의 질에 달려 있다는 것을 가르쳐주셨습니다. 세대를 거쳐 전해진 이 정신적 유산은 내가 삶의 도전들을 헤쳐나갈 수 있는 기반이 되었고, 나 또한 자녀들에게 이러한 가치를 전할 수 있었습니다.

오늘날 빠르게 변화하는 세상에서, 사회적 압박은 종종 개인의 성공을 집단의 복지보다 우선시하는 경향이 있습니다. 그렇기 때문에 이 정신적이고 문화적인 유산을 전달하는 데 집중하는 것이 그 어느 때보다 중요합니다. 이 유산은 개인의 삶뿐만 아니라 사회의 구성에도 깊은 영향을 미칩니다. 가정, 학교, 그리고 지역 사회에서 인성 교육의 중요성을 강조함으로써 우리는 이 가치들이 미래 세대에 지속적으로 영향을 미치고, 자비와 진실성, 그리고 상호 존중을 바탕으로 한 사회를 만들어나갈 수 있습니다.

우리 사회가 직면한 만성적인 문제들, 즉 가족 유대의 약화와 증가하는 사회적 단절은 이러한 정신적이고 문화적인 유산에 대한 우리의 헌신을 새롭게 함으로써 해결될 수 있다고 믿습니다. 이 가치를 우선시하고 전달함으로써 우리는 물질적 성공만이 아니라 강한 성품과 공유된 유산의 힘으로 번영하는 더욱 강력하고 응집력 있는 사회에 기여할 수 있습니다.

지속적인 유산을 남기는 인성 교육의 역할

우리가 남길 수 있는 진정한 유산은 우리가 축적한 물질적인 부가 아니라, 다른 사람에게 심어줄 수 있는 가치라는 점입니다. 인성 교육은 우리의 삶을 넘어, 가족과 더 넓은 공동체에 걸쳐 오래도록 지속될 수 있는 유산을 만드는 열쇠입니다.

정직, 공감, 책임감과 같은 가치를 가르칠 때, 우리는 윤리적 행동과 강한 인간관계를 형성하는 문화를 만드는 씨앗을 심습니다. 이러한 교훈들이 세대를 거쳐 전해질 때, 그것은 탄탄하고 자비로운 사회의 중심축을 이루게 됩니다.

제 경험에서 볼 때, 부모님께 받은 인성 교육은 자녀를 양육하고 타인과 소통하는 데 큰 원동력이 되었습니다. 그것은 나에게 진정한 리더십이란 주변 사람들에게 이러한 가치를 심어주고, 그들이 인생의 도전에 힘과 품위로 맞설 수 있도록 도구를 제공하는 것임을 가르쳐 주었습니다.

인성 교육을 우선시할 때, 우리는 시대를 초월한 유산을 창조하며, 우리의 직접적인 영향뿐만 아니라 이러한 가치를 이어받을 미래 세대에게도 영향을 미칩니다. 이것이 바로 인성의 지속적인 힘입니다. 우리가 세상을 떠난 후에도, 뒤돌아보면 보이지 않지만 소중한 선물로 남아 있을 것입니다.

리더십은 종종 성취한 이정표나 달성한 목표, 또는 영향력으로 측정되곤 합니다. 그러나 진정한 리더십은 이러한 성과뿐만 아니라, 지도자가 물러난 후에도 남아 있는 유산에 의해 정의됩니다. 오늘날처럼 삶의 속도가 빠르고 도전이 복잡한 시대에, 다음 세대를 길러내고 그들에게 바통을 넘겨줄 시점을 인식하는 능력은 오래 남는 리더십을 위해 필수적입니다. 성공에 국한되지 않고, 타인의 성공과 성장으로 이어지는 리더십이야말로 진정한 리더십입니다.

가장 효과적인 리더십은 단순히 타인을 지시할 수 있는 능력에 그치지 않습니다. 그것은 타인을 영감 주고, 그들의 잠재력을 키워주며, 공동의 비전으로 이끌어가는 것입니다. 이를 위해서는 사람들에 대한 깊은 이해, 가치에 대한 헌신, 그리고 타인이 성장할 수 있는 환경을 만드는 능력이 필요합니다. 위대한 리더는 자신의 역할이 일시적임을 인식하고, 타인에게 권한을 부여할 때 창출되는 영향력이 영구적일 수 있음을 깨닫는 사람들입니다.

제 개인적인 삶과 직업적인 경험 속에서, 저는 이러한 리더십의 힘을 목격했습니다. 저는 일찍이 리더십이 권력이나 명성을 쥐는 것이 아니라, 그 자리에 오를 수 있는 사람들을 준비시키는 것임을 배웠습니다. 이는 특히 가정에서 시작되는 리더십 교훈과도 맞닿아 있습니다. 저는 부모님께서 본보기가 되어 공감, 책임감, 그리고 회복력을 심어주신 것을 보며 자랐습니다. 그들은 우리를 인생 속에서 인도하는 역할뿐만 아니라, 우리가 스스로 성공할 수 있는 도구를 제공하는 것이 자신들의 책임임을 이해하셨습니다.

리더십의 어려운 측면 중 하나는 언제 물러날지를 아는 것입니다. 특히 한국에서는 노인을 존중하고 가능한 한 오랫동안 리더십 자리를 유지하려는 경향이 있습니다. 이러한 존경은 중요하지만, 때로는 리더십 전환이 지연되어 다음 세대의 성장과 발전을 방해하는 경우가 발생합니다.

우아하게 물러난다는 것은 리더십이 맡은 기간의 길이가 아니라 남긴 유산에 달려 있음을 인식하는 것입니다. 여기에는 겸손이 필요하며, 자신의 리더 역할이 제한되어 있음을 인정하고, 진정한 성공의 척도는 다음 세대가 얼마나 잘 준비되었는지에 달려 있음을 깨닫는 것이 포함됩니다. 이를 위해서는 통찰력과 타인을 키우고자 하는 진정한 헌신이 필요하며, 그들이 리더로서 성공할 수 있는 기술과 가치, 그리고 자신감을 길러주는 것이 필수적입니다.

제 경력과 개인적인 삶에서, 너무 오랫동안 자리를 지키는 리더도 보았고, 적절한 때에 물러나는 리더도 보았습니다. 후자는 미래에 대한 명확한 비전을 가지고 있었고, 자신의 지속적인 리더십이 아니라, 다음 세대가 리더십을 이어나갈 수 있도록 멘토링하고 준비시키는 것이 가장 큰 기여가 될 것임을 이해한 사람들이었습니다. 이러한 리더들은 불확실성과 분열이 아닌, 강한 연속성과 연대의 유산을 남겼습니다.

차세대 육성

다음 세대를 개발하는 것은 리더십의 중요한 요소입니다. 단순히 바통을 넘기는 것만으로는 충분하지 않습니다. 바통을 이어받을 사람들이 그것을 성공적으로 이어나갈 준비가 되어 있는지 확인해야 합니다. 이를 위해서는 멘토링, 성장의 기회를 제공하는 것, 그리고 학습과 발전을 우선시하는 문화를 조성하는 것이 포함됩니다.

제 경험에 따르면, 이 과정은 종종 가정에서 시작됩니다. 부모로서 우리는 자녀들이 처음으로 만나게 되는 리더입니다. 우리가 자녀를 지도하는 방식, 그들에게 심어주는 가치, 그리고 맡기는 책임감 모두가 그들의 미래 리더로서의 발전에 기여합니다. 저에게 있어 자녀의 리더십 잠재력을 키우는 것은 단지 그들이 성공하는 법을 가르치는 것이 아니었습니다. 그것은 그들에게 성실함, 공감, 그리고 타인을 위한 책임감을 가지고 리더십을 발휘하는 방법을 가르치는 것이었습니다.

더 넓은 사회적 맥락에서 미래 리더를 개발한다는 것은 그들에게 배울 수 있는 자원과 기회, 그리고 고유한 강점을 발전시킬 수 있는 환경을 제공하는 것을 의미합니다. 이는 교육, 멘토링 프로그램, 그리고 젊은 리더들이 실수를 두려워하지 않고

리스크를 감수하고 배울 수 있도록 장려하는 환경을 통해 이루어질 수 있습니다. 단지 완고함과 탐욕으로 인해 부적응에 빠지는 것이 아니라, 실수를 통해 배울 수 있는 문화를 만드는 것이 목표입니다. 이러한 문화는 리더십을 개인의 추구가 아닌, 공동의 책임으로 인식하는 환경을 조성하는 데 중요한 역할을 합니다.

〈가수 미소진 지역사회 활동〉

지역사회에서 청소년들을 위하여 많은 기여를 하고있습니다. 지역에서 가수 활동으로 지역사회를 원활하게 활동하며 학교에도 높은 기여로 활동 중에 있으며 청소년들에게도 프로그램에 공유할 수 있어 교육원과 직접적인 힘이 되고있습니다.

문화유산 사회 변화의 기초를 직시하면서

저는 일생을 통해 문화유산이 단순히 전통, 관습, 유물들의 집합체가 아니라는 사실을 깊이 깨달았습니다. 문화유산은 우리 사회를 형성하는 근본적인 토대이며, 우리의 정체성을 규정하고, 가치를 안내하며, 세상과 상호작용하는 방식을 결정짓는 중요한 요소입니다. 변화가 빠르게 진행되는 현대 사회에서, 문화유산은 사회 변화를 촉진하고 우리가 직면한 만성적인 문제를 해결하는 데 중요한 역할을 한다고 믿습니다.

현재 한국 사회는 공동체 의식의 약화, 세대 간 갈등, 가족 간 유대의 약화와 같은 문제에 직면하고 있습니다. 이러한 문제들은 복잡하지만 해결할 수 없는 것은 아닙니다. 저는 이러한 문제들을 근본적으로 해결할 수 있는 열쇠가 바로 우리의 문화유산을 보존하고 전승하는 데 있다고 강하게 믿고 있습니다.

문화유산은 단순히 과거를 연결하는 유물이 아니라, 우리가 바라는 미래로 나아가는 삶의 지침이 되는 살아있는 유산입니다. 우리의 전통 속에 내재된 가치들, 예를 들어 어른에 대한 존경, 가족의 중요성, 공동체의 복지와 같은 가치는 그 어느 때보다 중요해졌습니다. 우리가 이 가치를 받아들이고 일상에서 적극적으로 실천할 때, 우리는 사회적 결속과 통합을 위한 강력한 토대를 마련하게 됩니다.

 제 자신의 경험을 돌이켜볼 때, 이러한 문화적 가치가 어떻게 제 인격을 형성하고, 인생의 도전과제를 이겨낼 수 있는 회복력을 주었는지 알게 되었습니다. 이러한 가치는 공감, 책임, 상호 지원의 중요성을 가르쳐 주었으며, 이는 강하고 연결된 사회를 구축하는 데 필수적인 자질입니다.

 의미 있는 사회 변화를 촉진하기 위해서는 우리의 문화유산을 보존하고 전승하는 데 적극적으로 노력해야 합니다. 이는 단순히 전통을 가르치는 것만으로는 충분하지 않습니다. 우리가 일상에서 이 전통을 실천하고, 행동으로 보여주며, 미래 세대에게 이 가치를 전하는 것이 중요합니다. 그렇게 할 때, 우리는 강한 문화적 가치에 뿌리를 둔 사회를 만들 수 있을 뿐만 아니라, 우리의 가장 긴급한 문제들을 해결할 수 있는 능력을 갖추게 될 것입니다.

 문화유산을 보존함으로써 우리는 과거와 미래를 잇는 다리를 세우고, 오랜 세월 동안 우리 사회를 유지해 온 가치들이 계속해서 사회에 영향을 미치고 변화를 주도하도록 할 수 있습니다. 이렇게 할 때, 우리는 우리를 분열시키려는 만성적인 사회 문제들을 해결하고, 보다 통합되고 회복력 있으며, 공감이 넘치는 사회를 만들 수 있을 것입니다.

미래 유산으로서의 리더십

리더십의 유산은 당신이 보유한 직함이나 받은 찬사로 측정되는 것이 아닙니다. 그것은 다른 사람들의 삶에 미친 영향과 지속적인 변화를 창출하는 능력으로 측정됩니다. 오늘날 기후변화, 사회적 불평등, 전 세계적 불안정과 같은 문제들이 공동의 노력을 필요로 하는 세상에서, 다른 사람들에게 영감을 주고 그들을 능력 있게 만드는 리더들의 필요성은 그 어느 때보다 큽니다.

현대 시대의 진정한 리더십은 협력, 포용성, 그리고 세계의 문제를 혼자 해결할 수 없다는 인식에 관한 것입니다. 이는 각자가 독특한 강점을 공통의 목표를 향해 기여하는 리더의 네트워크를 구축하는 것과 같습니다. 이를 위해서는 전통적인 위계적 리더십 모델에서 벗어나, 리더십을 팀, 조직, 그리고 공동체에 걸쳐 공유된 책임으로 보는 분산된 모델로의 전환이 필요합니다.

이러한 맥락에서 리더의 역할은 촉진자, 멘토, 그리고 안내자가 되는 것입니다. 즉, 다른 사람들이 자신만의 리더십 경로를 찾도록 돕는 사람이 되어야 한다는 뜻입니다. 이는 다른 사람들의 잠재력을 인식하고 양성하며, 그들이 성공할 수 있는 도구와 지원을 제공한 후, 그들이 주도할 때가 오면 뒤에서 지켜보는 것입니다.

저는 제 여정을 돌아보며, 제가 만나본 가장 중요한 리더들은 우아하게 물러나는 것의 중요성을 이해했던 사람들이었다는 점을 깨닫습니다. 이들은 자신의 지속적인 존재가 아닌, 자신이 멘토링한 사람들의 힘과 성공에 진정한 유산이 있다는 것을 인정한 리더들이었습니다. 이러한 리더들은 힘을 부여하는 유산을 남겼고, 다음 세대는 그들이 시작한 일을 계속 이어나갈 준비가 되어 있었습니다.

오늘날 우리가 직면한 문제들이 복잡하고 다차원적인 상황에서 이러한 리더십의 필요성은 더욱 절실합니다. 다음 세대를 양성하고, 언제 횃불을 넘겨야 할지 인식하며, 겸손과 통찰력으로 이끌어가는 것이야말로 지속적인 유산을 만들어낼 수 있습니다. 이 유산은 단순한 개인적 성공을 넘어, 우리의 가족, 공동체, 그리고 세상에 남기는 지속적인 영향을 의미합니다. 진정한 리더십은 자신을 뛰어넘는 무언가, 즉 희망과 회복력, 그리고 미래 세대가 지혜와 품격으로 이끌 수 있는 능력을 남기는 것에 관한 것입니다.

영적, 문화적 영향을 통해 사회를 변화시키다

오늘날 한국 사회가 직면한 도전들을 생각할 때, 저는 지속적인 변화를 위한 핵심이 우리의 정신적, 문화적 유산에 있다고 확신합니다. 세대를 거쳐 내려온 이 무형의 유산은 물질적 부나 정책만으로는 이룰 수 없는 방식으로 우리 사회를 변혁시킬 힘을 지니고 있습니다.

한국은 현재 사회적 고립, 가족 간 유대 약화, 세대 간 단절과 같은 만성적인 문제에 직면하고 있습니다. 저는 이러한 문제들이 한때 우리 사회의 기초를 이루었던 정신적, 문화적 가치를 되살림으로써 해결될 수 있다고 믿습니다. 예를 들어, 노인에 대한 존경, 가족의 중요성, 그리고 깊은 공동체 의식과 같은 가치들이 다시금 강화될 필요가 있습니다. 그러나 이를 목표로 삼기 위해서는 그 요소들을 엄격히 수정하고 고려해야 한다고 생각합니다.

저는 제 삶을 통해 이러한 가치들이 제 성품을 형성하고, 어려운 시기를 헤쳐 나가는 데 큰 도움이 되었다는 것을 보았습니다. 이 가치는 우리에게 공감, 책임감, 그리고 회복력의 중요성을 가르쳐 주었으며, 이는 개인의 성장뿐만 아니라 사회적 결속을 위해서도 필수적인 자질들입니다. 이러한 가치들을 우리의 일상 속에 통합하고, 가정, 학교, 그리고 공동체 내에서 인성 교육을 통해 이를 강화한다면, 우리는 시간이 지나며 낡은 사회 구조를 개선할 수 있을 것입니다.

이 접근 방식은 과거로 돌아가자는 것이 아닙니다. 오히려 우리의 정신적, 문화적 유산을 활용하여 더 강하고 연결된 사회를 건설하자는 것입니다. 이러한 가치를 우선시함으로써 우리는 미래 세대가 번영할 수 있는 기초를 제공하고, 우리가 남기고자 하는 유산이 통합, 공감, 그리고 지속적인 강인함의 유산이 될 수 있다고 믿습니다. 점점 더 분열된 세상에서, 우리가 공유하는 정신적, 문화적 영향력이 우리를 하나로 모으고, 가장 시급한 문제들을 해결하며, 한국 사회를 더 나은 방향으로 변혁시킬 수 있다고 생각합니다.

에필로그

결론

내일을 위한 비전을 위한 미래 계획 및 포부

다음 세대를 위한 꿈과 희망

내 인생 여정에 대한 성찰

자녀의 사춘기 문제

행복한 노후를 향한 첫 걸음

독자들에게 보내는 마지막 생각

에필로그 : 성찰과 유산의 여정

내일을 위해 비전을 위한 미래 계획 및 포부

자녀와의 막힘없는 소통이 진정한 행복

자녀들이 사춘기에 들어서면서 급격히 변화된 모습을 보일 때 부모들은 많이 컸구나 하는 뿌듯함도 느끼지만 한편으로는 소통하기가 쉽지 않습니다

한없이 귀엽기만 했던 내 자녀의 변화는 부모의 말이라면 무조건 순종했던 아이가 어느새 대들거나 자기주장이 강해지며 치열한 생존경쟁을 하기도 합니다. 이때는 자녀에게 충분히 시간을 주고 대화의 시간도 필요합니다.

그러나 더 중요한 것은 인정과 소통, 잘하고 있다는 지지와 응원입니다. 설령 잘못했다하더라도 용서해주고 '다음에는 잘할거야'라고 힘을 주는게 자녀교육입니다. 자녀의 부족함과 잘못은 엄마가 모두를 알고 있으면서 속아 주는 것도 다음에는 실수를 안 하려고 노력하는 자녀가 될 수 있습니다. 그러나 판단능력이 약하다보니 잦은 실수가 연속되면서 자신감을 잃어가는 것이 자녀이고 문제 청소년입니다. 이때에 부모가 그에 마음을 읽어준다면 자녀는 빠르게 회복할 수 있습니다. 실수를 발판삼아 딛고 일어서는 게 인생입니다. 어른도 사업에 실패했

을 때 손잡아주는 사람이 있어야 빠르게 다시 제기할 수 있습니다. 다만 어른의 실수는 자녀보다는 성숙한 판단력과 결단력이 있다는 것 아닙니까?

　또한 자녀의 실수를 무수히 용서하며 지켜봐 주고 스스로 잘 할 때까지 응원해주는 현시대에 맞는 현명한 부모교육도 병행하고자 합니다. 자녀에게 늘 인정과 칭찬을 아끼지 않으면 자녀도 자기 인생을 책임지고 가려고 하는 꿈과 희망이 생깁니다. 부모가 보기에는 자녀가 매일 잠만 자고 게임만 하며 놀고 있는 것처럼 보이겠지만 그것은 자녀의 한 단면일 뿐입니다. 어쩌면 자녀는 보이지 않는 곳에서 더 많은 꿈을 향해 많이 연구하고 있을 것입니다. 이러한 일에 우리 교육원은 최선을 다하겠습니다.

　부모님은 자녀의 진로를 세워 놓고 자녀가 따라주길 원하는데 그것은 과거부터 내려오는 습관적인 욕심입니다. 지금은 모든 것이 앱으로 하는 시대가 왔기에 부모님이 자녀를 따라갈 수 없는 시대에 살고 있습니다. 인적자원으로 인프라는 부모님 세대에 많이 있겠지만 지금 시대는 부모님과 자녀가 소통하여 협력하지 않으면 시대에 뒤떨어지는 삶을 살게 되는 것을 이미 자녀들은 알고 있습니다.

　자녀들도 부모님이 자녀들을 인정 해주면 서로 함께하려고

하는데 부모님이 자녀를 인정하지 않으니 부모님과 자녀는 평행선을 갈 수 밖에 없습니다. 부모님은 자녀를 믿으려 하기보다는 아직 어린 아이처럼 취급하기 때문에 큰 시너지 효과를 볼 수가 없습니다.

내일을 위한 비전을 세우기 위해서는 먼저 목표를 설정하고 목적을 가지는 것은 매우 중요합니다. 이 섹션에서는 목표를 설정하고 목적을 가지는 것의 중요성과 그 방법에 대해 방향성과 동기에 대한 것을 달성하고자 하는지에 대한 명확한 목표를 가지고 노력할 수 있도록 하며 목적을 설정할 때는 미래에 가치관, 열정, 장기적인 목표와 연결시키는 것이 중요하게 할것입니다. 이건 부모님의 생각입니다. 이와 같은 것은 지금 시대에 맞지 않고 자녀에게 결정권을 주면서 하나씩 해 나가는 것에 자녀의 마음도 자부심이 생기는 것을 부모님께서 아셨으면 좋겠습니다.

사회 문제 해결에 대한 포부를 가지고 이러한 문제들을 해결하기 위해 다양한 관련 기관과 협력하여 전략을 개발할 필요가 있습니다. 예를 들어, 이혼으로 어려움을 겪는 사람들을 돕기 위해 이혼 상담, 가족 치료와 같은 전문 서비스를 제공하는 기관장 초빙하여 이혼 및 가족 문제에 대한 교육 프로그램을 개발하고 관련 정책 제안에 참여할 계획입니다. 다양한 전문교수들을 프로그램에 참여하여 닫힌 마음을 풀어내는 정보와 경험자 사례와 기구를 통해 상담자들에게 맞는 교육으로 진행합니다.

 저출산 문제에 관해서는 독신자들이 가정을 이루고 자녀를 가질 수 있는 환경을 조성하는 것이 중요함을 가질수 있는 프로그램을 개발하여 미래세대에게 접목하며 보다 나은 삶에 도전 할 수 있도록 케어 해드리는 일을 전문적으로 할 계획이 있습니다. 이를 위해 육아 지원 정책, 출산 및 육아 휴직 제도, 보육 시설 확충과 같은 정책 제안을 적극적으로 검토하고 관련 교육 프로그램을 개발하는 것이 도움이 되도록 지원할 것이며 경제적으로 어려움에 자녀를 낳지 못한다는 사람에게도 그에 맞는 지원 정책에 기를 기울여서 최대한 혜택이 되도록 하여 저출산과 이혼율과 문제 청소년에게 지원할것으로 계획합니다. 이와 같이 작은 일에서부터 시작하여 사회 변화를 일으키는 데 기여하고자 합니다.

 이혼으로 인해 어려움을 겪는 사람들을 돕기 위해, 이혼 상담 및 가족 치료와 같은 전문적인 서비스를 제공하는 단체나 기관에 참여하여 이로 인해 힘든 사람에게 도움이 될 수 있도록 하며 또한, 이혼과 가족 문제에 대한 교육과 정보를 제공하는 프로그램을 개발하여 관련된 정책 제안에 참여하는 것도 좋은 방법이라 계획 중에 있습니다.

 저출산 문제에 대해서는, 독신자들이 가족을 이루고 아이를 가질 수 있는 환경을 조성하는 것이 중요하므로 이를 위해 육아 지원 정책, 출산 및 육아 휴직 제도, 보육 시설 확충 등과 같은 정책 제안에 참여하고, 관련된 교육을 제공하는 프로그램을 개발하는 등 도움을 주고자 합니다. 작은 일부터 시작하여 사회적인 변화를 이끌어내는 데 기여하기 위해 추진 중입니다.

미래 계획은 저에게 심어진 인성과 문화의 씨앗을 키우고, 미래 세대가 계속해서 성장하고 결실을 맺을 수 있도록 돕는 데 있습니다. 또한 서울미래지식 평생교육원을 통해 위와 같은 프로그램으로 미래 세대에게 전달하고 문화 유산을 보존하며, 사회 변화를 촉진하는 데 뿌리를 두고 있습니다. 우리는 이러한 가치를 교육 시스템에 통합하여 다음 세대가 인성과 공감을 바탕으로 리더십을 발휘할 수 있도록 돕는 프로그램을 개발하고자 합니다.

이를 통해 가족 유대의 약화나 세대 간 갈등과 같은 사회 변화로 문제 되는 것에 빠르게 해결할 수 있도록 전문 강사들과 협업하여 인재를 양성하는데 기여하며 새로운 일자리와 어려움에 처한 사람들에게 우선적으로 케어 해주는 데 희망을 두고 있습니다.

우리의 비전은 문화 유산과 인성 교육을 단순히 가르치는 것이 아니라 이것이 실천되어, 더욱 소통이 원활한 공동체의 기반이 되는 사회를 만드는 데 있습니다. 앞으로 저는 교육자, 지역사회, 지도자들과 협력하여 이러한 가치들이 지속적으로 우리의 미래를 형성하고 영향을 미치도록 센터의 영향력을 확장해 나가는데 전념할 것입니다.

 교육자들을 많이 양성하여 자격증을 취득하도록 하고 일자리 창출에도 도움을 주며, 저희 기관에서 취득한 자격증이 사회에 필요한 자격증이 되도록 협력기관과 매칭하여 좀 더 밝은 지역사회가 되도록 다짐해 봅니다.

 본질적으로, 제 미래 계획은 힘든 상황에 처한 사람들에게 도움이 될 수 있는 많은 연구에 전념하는 것입니다. 지역 사회 문화를 활성화하여 미래 세대들과 기성세대들에게 행복을 누릴 수 있도록 하는 것이 저의 작은 꿈입니다. 제가 젊은 시절부터 꿈꾸어 온 일이며, 이혼의 위기를 극복한 경험을 바탕으로 미래 세대에게 그 경험을 전하고, 이와 같은 상황에 맞는 프로그램을 통해 더욱 가까이 다가가고 싶은 저의 소망입니다.

 이혼의 위기도 자녀들 덕분에 극복할 수 있었고, 자녀의 사춘기 시절을 경험하면서 제가 미래에 해보고자 했던 마음의 숙제를 교육원에서 풀어가고 있습니다.

 힘들 때 누가 손만 잡아주어도 힘이 된다는 사실은 겪어보지 않으면 잘 모릅니다. 다른 사람들에게 전하고, 다음 세대가 지속적으로 성장하고 결실을 맺을 수 있도록 돕고 싶습니다.

다음 세대를 위한 꿈과 희망

 필자는 미래를 바라보며, 다음 세대가 이루어낼 일들에 대한 기대와 희망으로 가득 차 있습니다. 스토리텔링과 이야기를 통해 꿈과 희망을 전달하고, 상상력을 자극하여 학생들에게 영감을 줄 수 있습니다.

 교육원에서는 학생들이 스스로 꿈과 희망을 찾을 수 있도록 돕는 프로그램을 만들고 접목시켜서 학생들 위해 다양한 경험을 쌓을 수 있는 기회를 제공합니다.

 예를 들어, 현장 학습, 봉사 활동, 문화 체험 등의 활동을 통해 학생들은 새로운 것을 배우고, 자신의 관심사와 열정을 발견할 수 있도록 합니다. 학생들에게 자신의 꿈과 희망을 구체화하고, 그것을 실현하기 위한 계획을 세울 수 있도록 도와주며 관련 프로그램을 만드는 방법을 알려줄 수 있습니다. 이를 위해 학생들이 멘토링, 진로 상담, 학습 지도 등의 지원을 받을 수 있도록 응원과 지지해주는 체험을 통해 실력을 도출 할 수 있도록 도와줍니다.

 또한 교육원에서는 학생들이 자신의 꿈과 희망을 공유하고, 다른 학생들과 협력하여 꿈을 이룰 수 있는 기회를 주면서 자아존중감을 상승시킬 수 있는 프로그램으로 자신감을 성취할 수 있도록 할 것입니다. 이를 위해 학생들은 팀 프로젝트, 토론, 발표 등의 활동을 통해 자신의 아이디어를 공유하고, 다른 학생들과 함께 협력하여 문제를 해결할 수 있는 능력을 키울 수 있도록 할 계획입니다. 이러한 방법들을 통해 교육원은 다음 세대를 위한 꿈과 희망을 서술하고, 학생들이 자신의 꿈을 실현할 수 있는 기회를 제공할 수 있습니다.

저는 미래에 대한 깊은 책임감과 희망감의 포부를 갖고 살아가고 있습니다. 부모님으로부터 받은 가르침과 그동안의 경험으로 깨달은 핵심 가치들, 그리고 도전을 극복했던 경험들을 통해 지속 가능한 유산을 남기는 것이 무엇을 의미하는지 이해하는 것이 필수적이라는 생각이 듭니다. 이 유산은 단순히 성취한 업적이나 이룬 목표에 관한 것이 아니라, 다음 세대에 대한 꿈과 희망에 관한 것입니다. 이러한 꿈과 희망을 다음 세대에 전달되기를 원합니다.

제가 지금까지 이야기한 공감, 책임감, 존중의 가치가 미래 세대의 마음속에 깊이 뿌리내리길 바랍니다. 이러한 가치가 강하고 질서 있는 사회를 구축하는 기초가 된다고 믿습니다. 또한, 이러한 가치가 우리를 하나로 연결하는 사회 문제를 해결하는 열쇠이며, 단순히 공유된 목표를 넘어 인류애로 연결된 세상을 만드는 방법이라고 확신합니다.

평생교육원을 통해 젊은 세대가 현대 사회의 복잡한 구조를 헤쳐 나갈 수 있는 도구를 제공하는 프로그램을 만들고 싶습니다. 교육 시스템에 인성 교육을 통합하고 문화 유산의 중요성을 강조함으로써 다음 세대가 강한 정체성과 목적 의식을 가지고 성장할 수 있도록 돕고 싶습니다.

이를 통해 젊은 세대가 세상이 필요로 하는 리더가 될 것이라고 확신합니다. 왜냐하면 그들은 단순히 오늘날의 문제를 물려받는 것이 아니라, 지혜와 공감, 연민을 가지고 그 문제에 대처할 준비를 갖추게 될 것이기 때문입니다.

제가 꿈꾸는 사회는 이러한 가치들이 매일 실천되는 사회입니다. 모든 아이들이 자신의 가치를 이해하고, 세상을 더 나은 곳으로 만드는 데 기여할 역할이 있음을 아는 사회를 꿈꿉니다. 다음 세대가 우리의 인성과 문화 유산을 물려받아 더 밝고, 더 공정하며, 더 연결된 미래를 만들어가길 희망합니다.

마지막으로, 넓은 관점을 가지기 위해서는 용서가 수반되어야 하며 관용과 공감, 통찰력을 갖추어야 한다고 믿습니다. 이를 통해 우리는 더 나은 미래를 향해 결정을 내리고 변화를 이끌 수 있습니다.

내 인생 여정에 대한 성찰

삶은 끊임없는 변화와 도전의 연속이며, 이를 통해 사람들은 성장하게 됩니다. 필자는 부모님께서 어린 시절에 가르쳐주신 가족 사랑과 애정 덕분에 오늘날까지 큰 영향을 받고 있습니다. 그 시절의 순수한 꿈과 가정 교육이 저의 기반을 형성하는 중요한 역할을 했습니다. 이러한 교육 덕분에 두려움 없이 새로운 것에 도전할 용기와, 실패 해도 다시 일어 설 수 있는 힘을 배웠습니다.

삶의 여정은 항상 순탄하지 않았습니다. 다양한 시련과 고난 속에서도 저는 부모님께서 가르쳐 주신 긍정적인 마음가짐을 지키려고 노력해 왔습니다. 부모님이 주신 가정 교육은 저에게 중요한 교훈을 주었으며, 어려움을 극복할 수 있는 힘을 길러 주었습니다. 특히 힘든 시기에 가족과 친구들의 지지는 저에게 큰 힘이 되었고, 그들에게 힘을 주기 위해 노력해 왔습니다.

인생에서 가장 중요한 성찰 중 하나는 **'나 자신을 받아들이는 것'**이었습니다. 내가 완벽하지 않음을 인정하고, 나의 강점과 약점을 이해하는 과정은 쉽지 않았지만, 이 과정을 통해 더 깊은 공감과 이해로 다른 사람들과 관계를 맺을 수 있었습니다. 자신을 사랑하고 존중하는 법을 배우는 것은 앞으로의 삶에 큰 영향을 미칠 것입니다.

저는 과거를 돌아보며 미래를 위한 목표를 세우고, 더 나은 내가 되기 위한 계획을 세우고 있습니다. 또한 제가 받은 사랑과 지지를 다른 사람들과 나누는 것이 얼마나 중요한지 잊지 않으려 합니다. 인생의 여정은 저 혼자만의 이야기가 아니라, 제가 사랑하는 사람들과 함께 만들어가는 이야기임을 깨달았습니다. 앞으로도 그들을 소중히 여기며, 스스로를 성찰하고 앞으로 나아가는 과정을 통해 더 깊고 의미 있는 삶을 살고자 합니다.

결국 제 삶에서 가장 큰 전환점은 힘든 시기가 찾아왔습니다. 은퇴 후 처음으로 교육 사업에 도전했으나, 코로나19로 인해 한순간에 많은 자산을 잃었고 남편도 병을 앓으며 큰 위기를 겪었습니다. 그러나 가족의 지지와 기도를 통해 심리적 회복을 경험하면서, 가족의 중요성과 진정한 리더십은 결국 가족을 위한 헌신에서 비롯된다는 믿음을 더욱 강화하게 되었습니다.

이제 저는 교육 센터를 통해 인성 교육과 문화유산 보존을 목표로 한 프로그램을 운영하며, 사회적 변화를 이끌고자 합니다. 현대 사회의 복잡성과 압박 속에서도 중요한 것은 인간을 잇는 공감과 책임, 그리고 존중이라는 가치라고 생각합니다. 이러한 가치를 다음 세대에 전하며, 우리 모두가 안정성과 지속성을 누릴 수 있는 사회를 만들어 나가고자 합니다.

저는 자신의 인생 여정을 통해 배운 경험과 깨달음을 바탕으로 가족의 중요성과 사회적 변화를 위한 가족 경영의 필요성을 강조하고 있습니다. 가족과 함께하며 체득한 가치를 다음 세대에 전하고자 하는 저자의 열망은, 그의 인생을 가족 경영이라는 관점에서 더욱 깊이 이해하게 됩니다.

자녀의 사춘기문제

아이의 행동에 대해 큰 실망을 느끼는 부모는 감정을 억제하지 못하고 과도한 벌을 주거나 분노를 표출하는 경우가 많습니다. 하지만 자녀가 사춘기에 접어들면서 보이는 문제를 통해 부모는 기존의 생각을 되돌아보고, 자신의 태도를 반성하며, 아이를 도울 방법을 진지하게 고민하게 됩니다. 이러한 과정은 아이의 변화를 수용하는 반응이며, 가장 바람직한 부모의 태도라 할 수 있습니다.

바람직한 부모-자녀 상호작용을 위해 부모들이 고려해야 할 몇 가지 문제들을 소개하겠습니다.

첫째, 부모와 자녀 간의 심리적 문제는 매우 밀접하게 연결되어 있습니다. 아이들은 부모와 유전적으로 가까울 뿐만 아니라 부모의 행동을 모방하며 자신의 개성을 발전시켜 나갑니다. 그렇기 때문에 부모는 자신의 행동을 통해 아이가 긍정적인 방향으로 나아갈 수 있도록 도와야 합니다.

둘째, 부모는 자신이 너무 많이 알고 있다고 착각할 때 자녀와의 갈등이 자주 발생합니다. 부모는 많이 알면 자식을 무시하는 경우가 발생합니다.

〈그리스 철학자 소크라테스〉

그러나 그리스 철학자 소크라테스는 "네 자신을 알라"는 유명한 말을 남겼는데, 이 말은 곧 "나는 내가 모른다는 것을 안다"는 깨달음을 의미합니다. 이는 우리에게 중요한 시사점을 줍니다. 자신이 모든 것을 알지 못한다는 사실을 인지하고, 아이를 이해하기 위해 노력하며, 자신의 무지를 인정하는 태도가 중요한 것입니다. 이는 정신과 치료에서도 중요한 치료 기법으로 사용됩니다.

셋째, 부모는 자녀가 행복해지도록 이끌어 주어야 합니다.
하지만 가정 내에서 나눔과 소통이 없다면 가족 간의 행복을 공유할 수 없습니다. 부모는 소통을 위해 자신이 먼저 양보하고, 상대에게 더 많이 용서와 베푸는 마음가짐을 가져야 합니다. 이러한 태도는 가족 내 행복을 창출하는 중요한 요소입니다. 아이들은 유머어와 웃는 엄마 얼굴 보면서 아이들은 정서적으로 안도감이 있기에 자녀에게는 행운입니다. 자녀가 자아존중감에서 서로 트로블이 생겨도 현명하게 잘 풀어가는 장점이 있다고 생각합니다. 이런 가정에서 자란 자녀는 부모님께 받는 유산이라고 생각합니다. 자녀교육은 일방적으로 시키기보다 부모가 솔선수범으로 보여주는 것입니다

 가족은 결혼을 하고, 자녀를 낳고, 그들과 함께 행복을 나누며, 자녀를 키우는 과정에서 가족의 필요성을 실감하게 됩니다. 힘든 시기는 일시적인 구름처럼 지나가고, 그 뒤에는 반드시 행복이 찾아오게 마련입니다.

행복한 노후를 향한 첫 걸음

한국에서 평균 수명이 늘어나면서 중년층 인구가 증가하고, 많은 이들이 오랜 시간을 은퇴 생활로 보내고 있습니다. 하지만 은퇴 후의 삶을 어떻게 준비하고 살아가야 할지 고민하거나 막막함을 느끼는 경우도 적지 않습니다. 이제는 누구나 오래 살 가능성이 높아진 만큼, 안정적인 은퇴 생활을 위해 체계적인 준비가 필요합니다. 이러한 준비를 돕기 위해 이번 프로그램을 통해 은퇴 생활에 필요한 다양한 교육을 제공합니다.

첫 번째로, '은퇴란 무엇인가'라는 주제로 행복한 노후를 위한 구체적인 계획을 세워보고, 은퇴에 대한 각자의 생각을 나누는 시간을 가집니다. 은퇴 후의 삶을 준비하는 과정은 행복한 노년을 위한 중요한 출발점이 될 것입니다.

두 번째로는 건강 관리와 관련된 운동을 소개합니다. 퍼즐 운동을 통해 두뇌 활동을 활발하게 하고, 매일 걷기와 같은 일상 운동을 통해 신체 건강을 유지하는 법을 배웁니다. 건강한 삶을 위해 운동이 얼마나 중요한지 배우고, 이를 실천할 수 있는 다양한 방법을 익히는 시간을 가질 것입니다.

세 번째로, 감정 변화를 이해하고 긍정적인 자아 이미지를

형성하는 방법을 알아봅니다. 특히 일기 쓰기를 통해 매일의 감정 변화를 기록하고, 칭찬의 장점을 알아보며 자신을 긍정적으로 바라보는 연습을 합니다.

네 번째로는 경제적인 은퇴 준비와 계획에 대한 구체적인 강의를 진행합니다. 국가연금과 퇴직연금 관리에 대한 세부 내용을 학습하여 재정적 안정성을 확보하는 방법을 알아봅니다. 이 과정은 은퇴 후에도 경제적으로 안정된 삶을 살아가는 데 중요한 기반이 될 것입니다.

다섯 번째로는 건강 관리를 위한 식이 및 영양 교육을 진행합니다. 질병 예방을 위한 건강 간식 만들기와 같은 실습 활동을 통해 올바른 식습관을 형성하고 건강을 유지하는 방법을 익힙니다.

여섯 번째로는 은퇴 후에도 원활한 사회적 관계를 유지하는 법을 배웁니다. 자녀와의 관계를 다지고, 지역 주민과 교류하여 새로운 인맥을 형성하는 방법을 안내합니다. 은퇴 후에도 활발한 사회 생활을 유지하는 것이 개인의 행복에 큰 영향을 미칠 수 있습니다.

일곱 번째로는 개인의 취미 생활을 개발하는 방법을 탐구합니다. 새롭게 관심을 가질 수 있는 취미를 찾고, 새로운 기술을 배우며 은퇴 후에도 활기차게 시간을 보낼 수 있는 다양한 방법을 알아봅니다.

마지막으로는 참가자들이 각자의 은퇴 준비를 발표하고, 상호 피드백을 주고받는 시간을 가집니다. 이를 통해 서로의 활동, 관심사, 취미를 공유하며 앞으로의 은퇴 생활을 더욱 의미 있게 설계할 수 있도록 지원합니다.

이 프로그램을 통해 참가자들이 지속적으로 참여하고 행복을 찾아갈 수 있도록 후속 지원을 제공할 계획입니다. 더 나아가 3세대가 함께 인생을 소풍처럼 즐겁게 걸어갈 수 있도록 돕는 방안을 마련하여 은퇴 후 삶을 보다 풍요롭고 즐겁게 만들고자 합니다.

경영학 박사를 취득하고 보니 가정의 문제는 직장생활 할 때와 다르게 누군가가 해야 할 일이라면 내가 먼저 시작하여 풀어 보는 것이 좋을 것 같다는 생각이 들었습니다. 자녀들의 문제를 풀어나갈 수 있도록 힘이 되어드리고 싶고, 이혼을 앞둔 분들에게도 작은 힘이 되어 주고 싶어졌습니다. 더욱이 고령화 사회에서 노후의 행복을 찾아드리고 싶은 마음이 더욱 커졌습니다.

앞으로는 사회에서도 아이를 케어 해주는 기관이 많아져야 합니다. 그래야 젊은 부모들이 자녀을 놓고 안심하고 자녀를 케어 할 수 있기 때문입니다. 물론 결혼 전 청년에게도 관심을 가져야 합니다. 젊은 청년들의 실업을 돕고 문제 청소년들이 사회의 구성원이 될 수 있도록 도와야 합니다. 이를 위해 국가 기관에서는 더 많은 관심과 투자가 있어야 할 것입니다. 이를 위해 지자체에서는 아이들을 함께 케어 해주는 법안이 생기면 어떨까요? 부르짖어 봅니다. 사회 구조적으로 아이를 케어하며 직장생활을 잘 할 수 있도록 도와야 합니다.

늦게 직장에서 집으로 귀가하더라도 자신의 미래를 위해 자기 성찰을 할 수 있는 환경과 함께 직장생활에서 실력있는 사람이 승진하고 직장과 가정에서 인정 받는 사회 구성원이 될 수 있도록 도와야 합니다.

물론 직장생활도 잘 하고, 가사 일도 잘 하며, 아이도 잘 키우는 것은 결코 쉬운 일이 아닙니다. 그래서 젊은 층은 편안하게 살아가려는 기본적인 철학을 갖고 있습니다. 혼자서도 능력이 있는데 뭐 하러 결혼을 하느냐고 옆에서 말하는 부모님들도 있습니다.

그렇다보니 자녀를 낳은 가정이 부모들 세대와 차이가 날 수 밖에 없습니다. 그로인해 지금은 초등학교 학생 인원이 절반으로 줄게 되었고 학교가 문을 닫는 곳도 있습니다.

그 교사들은 어디로 갈까요? 문제 아이들에 관심을 가져야 합니다. 문제 아이가 원래 문제 되는 아이는 아닙니다. 사춘기 때 생각을 잘 못 판단하여 잠시 방황하다가 판단력이 약한 청소년의 시기에 의도치 않게 문제가 되어 버린 청소년들이 많이 있습니다.

문제 청소년들도 사회에서 속마음을 바로 볼 수 있는 사회가 되어야 한다고 주장합니다. 청소년 시기에 판단력이 떨어지는 순간 실수로 잘못 꼬여서 한순간에 범죄를 저지르는 안타까운 일도 주변에서 많이 볼 수 있습니다.

광운대학교 대학원에서 범죄학 박사 학위를 취득한 한 선배는 13년 동안 청소년 카페를 운영하고 있습니다. 본인 자비로 어려움을 겪는 청소년들이 자격증 시험을 준비할 수 있도록 식사를 제공하고 있으며, 청소년들을 위해 봉사하는 의사에게도 식사를 제공합니다. 1:1 멘토링과 봉사 활동을 하며 아이들과 함께 시간을 보내다 보니, 모든 아이들은 본래 심성이 착한 아이들임을 깨달았습니다. 하지만 그들은 청소년기에 충분한 관심을 받지 못해 판단이 흐려져 실수를 저지르는 경우가 많았습니다.

이상인 박사님은 오랫동안 이런 청소년들을 위해 힘써 오신 분입니다. 그는 30년 넘게 경찰 공무원으로서 아이들을 위해 봉사해 오셨고, 정년퇴임 후에도 계속해서 청소년을 돕고 계십니다. 저뿐만 아니라 사회가 이러한 문제에 더 많은 관심을 기울인다면, 좋은 사람을 만나 결혼하는 사람들이 늘어나 저출산 문제도 점차 개선될 것이라 믿습니다.

사람은 누구나 잘못된 길을 갈 수 있습니다. 잘못된 길을 갔거나 잘못된 길을 가려고 하는 사람이 있다면 우리는 조금 더 관심을 가지고 그들을 도와야 합니다. 그들이 범죄에 빠지지 않도록 그들에게 일자리를 만들어주거나 그들이 사회의 구성원이 될 수 있도록 도와야 합니다.

사람들은 자신이 잘하는 일을 활용해 노인들을 위한 방문 서비스를 제공할 수 있으며, 다양한 계층을 위한 일자리가 마련될 수 있습니다. 순간적인 잘못된 판단으로 범죄를 저지른 젊은이들에게 기회를 제공한다면 사회는 더욱 밝아질 것이라 생각합니다.

저는 제 인생을 형성해 온 기억과 교훈, 성찰을 다음 세대에 힘이 될 수 있도록 나누고자 합니다. 만약 아무 준비도 하지 않았다면, 지금쯤 저도 실업 상태의 노인이 되었을 것입니다. 준비된 사람만이 성공할 수 있다고 생각하기에, 행복한 삶을 위해 오래도록 준비하고 도전해야 한다고 믿습니다. 그래서 저는 '3세대 피크닉 같은 인생'이라는 책을 썼고, 3세대 문제, 저산,

문제아, 이혼율에 관심을 가지게 되었습니다. 우리 기관은 노인 은퇴 프로그램, 청소년 프로그램, 그리고 이혼율 관련 프로그램을 운영할 계획입니다.

여러분과 함께 은퇴를 준비하는 마음으로, 교육원의 프로그램이 공동 연구와 논의를 통해 맞춤형으로 이루어져야 한다고 주장합니다. 우리는 노인과 청년에게 행복을 제공하여 함께 살아가는 사회를 만들기 위해 노력하고 있습니다. 삼세대 간의 갈등 해결을 연구하며, 부모 세대 간의 갈등을 해결하는 프로그램을 통해 먼저 손을 내미는 협력 단체가 되겠습니다.

삶이 힘들 때는 공부가 필요합니다. 모든 문제의 해결책은 책 속에 있습니다. 배움을 통해 모든 문제를 극복하세요. 이웃이나 지인에게 자신의 문제를 나누는 것이 오히려 불행을 초래할 수 있는 경우가 많습니다. 만약 누군가에게 상처를 받는다면, 그 배신감이 다시 상처가 될 수 있는 위험이 있습니다.

우리의 여정은 끝났지만, 그 길에서 배운 것들은 여전히 우리와 함께 남아 있습니다. 반추의 과정은 단순한 회상이 아니라, 미래 세대와 함께 문제의 실마리를 풀어가는 과정입니다. 과거의 경험을 통해 우리는 자신을 발견하고 가족의 진정한 의미를 되새길 수 있었습니다.

우리가 함께 나눈 순간들은 단순한 기억이 아니라 소중한 교훈과 유산을 남겼습니다. 사랑, 이해, 그리고 공감은 다음 세대에 반드시 전해야 할 가장 중요한 가치입니다. 어린 시절부터 몸이 좋지 않았던 어머니를 병원에 한번 데려가지 못한 점, 제대로 된 여행 한번 못 모셨던 것에 대해 마음이 아팠지만, 어머니의 지혜로운 교육 덕분에 인생의 어려움을 극복할 수 있는 능력을 키울 수 있었던 것에 감사하고 있습니다.

결혼에 대해 다시 한번 계획을 세워보길 권합니다. 결혼에 관한 가이드라인을 읽고, 결혼 전 반드시 자격증을 취득하도록 한다면 저출산과 젊은이들의 결혼 기피 문제가 해결되지 않을까요? 이러한 힘은 우리를 더 강하게 만들었고, 평생 동안 서로의 힘이 되어주었습니다. 이 유산을 지속적으로 보존하고 지지와 이해의 관계를 계속 이어가기를 바랍니다.

이제 우리는 새로운 출발선에 서 있습니다. 반추의 과정에서 얻은 통찰력을 가지고 더 밝은 미래를 향해 나아갈 것이며, 그 과정 속에서 우리 가족의 이야기를 계속 써 내려갈 것입니다. 우리의 여정은 끝나지 않았고, 그 유산은 영원히 우리 안에 살아 있으며 미래 세대를 위한 길잡이가 될 것입니다.

제 이야기를 나누며, 제 삶을 엿보는 것뿐만 아니라 여러분 스스로의 여정을 돌아보고, 자신의 가치, 도전, 그리고 남기고 싶은 유산에 대해 생각해보길 바랍니다. 인생은 지속적인 배움과 성장의 과정이며, 우리 각자는 발전 중인 존재입니다. 저의 길을 돌아보면서, 저의 가장 의미 있는 유산은 웅장한 제스처가 아니라 일상의 친절과 성실, 그리고 용서, 회복력에서 비롯되었다는 것을 깨닫게 되리라 믿습니다.

우리가 사는 세상은 물질적 부와 외적 성취로 성공을 평가하지만, 진정으로 가치 있는 삶은 다른 사람들에게 미친 영향에서 발견된다는 것을 이해하게 되었습니다. 우리가 준 사랑, 지켜온 가치, 그리고 스스로에게 충실하며 용기 있게 살아가는 모습이야말로 다음 세대에 남길 가치 있는 유산을 만들어줍니다.

인생은 피크닉과도 같습니다. 3세대 가족 경영의 여정에 참여해 주셔서 감사합니다. 여러분이 진정으로 소중히 여기는 가치에 부합하는 삶을 살아가는 과정에서 평화, 목적, 그리고 충만함이 함께하기를 바랍니다. 여러분의 유산이 뒤따라오는 사람들에게 빛과 희망을 가져다주는 유산이 되기를 기원합니다.

함께 걸으며 나누는 대화, 공유하는 시간, 서로에게 건네는 작은 배려와 지지가 때로는 우리를 더욱 성숙하게 하고 삶을 풍요롭게 만듭니다. 동반은 단순히 같은 길을 걷는 것이 아니라, 함께 존재하고 서로에게 깊은 의미를 부여하는 과정입니다. 인생의 여정에서 누군가와 함께 걷는 것이 얼마나 큰 축복인지 깨닫게 되며, 그것이 주고받음의 과정임을 알게 되는 순간, 우리는 진정한 행복을 느낄 수 있습니다.

하지만 진정한 동반은 단순히 같은 길을 걷는 것 이상의 깊은 관계를 의미합니다. 동반은 함께 길을 걷는 과정을 넘어서 존재 자체로 서로에게 의미를 부여하고, 인생의 여정을 함께하는 과정 속에서 이루어지는 깊은 관계를 뜻합니다.

이 과정 속에서 우리는 서로를 단순한 동반자가 아닌 그 자체로 존중하게 될 때 행복을 느끼게 됩니다. 나란히 길을 걷는 동반자가 우리 삶에 깊은 행복을 가져다줄 때, 우리는 더 큰 힘과 용기를 얻습니다.

우리가 서로 협력하고 공존하며, 서로를 인정하고 공감하며 소통하고, 나라에 대한 애국심을 가지고 낮은 출산율 문제를 해결하기 위해 젊은 미혼 남녀가 결혼하도록 돕는다면, 우리나라는 활력을 얻게 될 것입니다.

정부가 젊은 사람들이 결혼할 경우 결혼 증명서에 가산점 부여하는 정책을 고려한다면, 출산율 문제와 결혼에 대한 생각에 긍정적인 변화가 생길 것 이라고 생각합니다.

이 글을 통해 국민 모두가 하나가 되어 힘을 모아 관련 부처에 힘을 실어줄 수 있기를 바랍니다. 우리가 공감과 지원을 나누고, 한국의 젊은이들이 결혼을 기피하는 문제를 해결하기 위해 결혼 라이선스를 제공한다면, 이러한 문제가 해결될 수 있다고 믿습니다.

나의 인생 여정에 대한 성찰의 마지막 페이지에 도달하면서 저는 깊은 감사와 목적의식으로 가득 차 있음을 발견합니다. 인생은 기쁨, 도전, 성장의 순간들로 짜인 태피스트리였으며, 각 실은 오늘날의 저를 성장시키는 데 기여 했습니다. 그 모든 것에도 불구하고 한 가지 진실은 변하지 않았습니다. 물질적 성공의 찰나적인 성격을 초월하는 가치에 기초한 삶을 사는 것이 중요하다는 것입니다.

독자 여러분, 저는 제 삶의 지침이 되어온 메시지를 여러분과 나누고 싶습니다. 우리가 남기는 유산은 우리가 축적한 것이 아니라 다른 사람에게 전달하는 것에 따라 결정됩니다. 공감, 책임감, 탄력성, 존중의 가치는 우리가 죽은 후에도 오랫동안 지속되는 진정한 보물입니다. 그것은 우리가 우리 미래 사회와 지역 사회, 세상에 줄 수 있는 최대의 가치 있는 것입니다.

만족과 개인의 성취를 우선시하는 사회에서는 진정으로 중요한 것이 무엇인지 간과하기 쉽습니다. 그러나 저는 승리와 시련을 통해 우리가 가질 수 있는 가장 지속적인 영향은 우리가 다른 사람을 대하는 방식, 우리가 세운 모범, 우리가 나누는 사랑에서 나온다는 것을 배웠습니다. 우리가 세상에 흔적을 남기는 것은 친절함의 조용한 순간, 정직하게 내린 결정, 우리의 원칙을 지키는 용기입니다.

자신의 여정을 탐색하면서 남기고 싶은 유산을 고려해 보시기 바랍니다. 우리 각자에게는 오늘의 행동을 통해 미래를 만들어갈 힘이 있다는 것을 기억하실 것입니다. 가족이든, 직장이든, 지역 사회이든 목적과 의도를 가지고 살려고 노력하십시오. 인생의 도전을 헤쳐 나가는 데 도움이 될 가치를 키우고 주변 사람들과 아낌없이 공유하세요.

내가 아는 것이 나만 알고 있으면, 아는 것이 아닙니다. 나누어서 누군가에게 알려 주는 것이 아는 것입니다. 공부도 혼자서 잘한다고 나만 알고 있으면 주변에 친구도 없을 뿐 아니라 인생의 아름다움이 없습니다.

더 나은 세상을 만드는 일은 절대 끝나지 않으며, 우리 각자가 각자의 방식으로 추진해 나가는 과제입니다. 제 삶에 대한 이 성찰이 여러분이 이 지속적인 여정에서 여러분의 역할을 받아들이고, 공감과 진실성을 가지고 이끌고, 친절, 회복력, 지속적인 가치의 유산에 기여 하도록 영감을 주기를 바랍니다.

시간을 내어 이러한 추억과 교훈을 저와 함께 걸어가 주셔서 모든 공유의 전환됨을 감사합니다. 당신의 길이 성장과 성취, 그리고 당신이 다른 사람들의 삶에 변화를 만들고 있다는 것을 아는 기쁨으로 가득 찬 것은 바랍니다. 저는 이것이 우리가 모두 남길 수 있는 가장 큰 유산이라고 믿습니다.

길을 나란히 걷는 동반자는 우리의 인생에 있어서 깊은 행복이 함께 할 때 우리는 더 큰 힘과 용기를 얻게 됩니다. 우리는 서로 협력하고 공생 공존하면서 서로에게 인정해주고 공감하고 소통한다면 국가에 애국하며 저출산 젊은 미혼 남녀들에 결혼을 할 수 있게 도와 준다면 국가도 탄력을 받게됩니다.

마지막 페이지를 넘기며, 여기에서 접한 교훈을 자신만의 것으로 만들어 보시기 바랍니다. 여러분에게 가장 중요한 것이 무엇인지, 그리고 매일 그러한 가치를 실천할 수 있는 방법을 생각하시고. 가족, 지역 사회, 또는 단순히 삶의 방식을 통해 세상을 떠난 후에도 오랫동안 지속될 자신의 유산이 가정과 사회에 어떻게 기여를 할 수 있는지 생각해야 할 것입니다.

독자들에게 보내는 마지막 생각

결혼을 하면서 행복지수가 높은 프로그램을 돌리며 결혼에 대한 생각이 없는 사람에게 결혼을 할 수 있도록 동기부여의 교육을 통해 평생교육원에서 지도할 수 있도록 정책적으로 반영이 된다면 지금보다는 현저히 좋아질거라고 믿습니다.

그동안 살아본 경험과 사례를 들어봐도 같은 생각을 갖고 있는 자녀를 문제 아이로만 보지 말고 인정해주고 응원을 해주면 모범생이 될 수 있다는 것을 청소년 부모님께 전하고 싶습니다.

아이들을 잘 키우려면 참견보다는 응원을 해주어야 합니다. 다시 일어설 수 있는 방법론을 제시해 주거나 혹은 묵묵히 지켜봐주며 자녀들이 알아서 잘 할 거라고 믿어 주세요.

어린 시절, 지혜로운 부모님을 보며 자란 경험은 나에게 큰 산교육이었습니다. 부모님께서는 오빠들이 간혹 힘들게 할 때가 있었지만 지금 기억해보면 어머니께서는 자식들에게 늘 **'잘 할 수 있을 거야 조금만 더 힘 내보자'**로 용기를 주셨습니다.

삶을 돌아보며 느낀 가장 큰 깨달음은, 우리가 진정 남기는 유산이 아닙니다. 물질적인 성공이나 외적 성취가 아닌, 우리 주변 사람들에게 전하는 사랑과 응원의 가르침이라는 것입니다. 가족 안에서, 그리고 이웃과의 관계에서 이해와 용서, 책임감을 통해 형성된 진정한 관계들이야말로 우리 삶의 가장 큰 자산이라고 생각합니다.

제가 여러분에게 전하고 싶은 메시지는, 각자가 세상에 남길 수 있는 유산의 가치를 되새기고, 그것을 이루기 위해 오늘 하루를 성실히 살아가시길 바란다는 것입니다. 가정 안에서의 용서와 사랑과 공감, 서로를 향한 깊은 이해는 다음 세대로 이어지며 세상을 조금 더 밝게 만드는 힘이 됩니다. 사회가 개인의 성취와 만족을 우선시하는 이 시대에, 우리는 진정 중요한 가치들을 잃어버리기 쉽습니다. 하지만 우리가 나누는 작은 친절과 따뜻한 위로들이야말로 결국 세상에 오래도록 남는 유산입니다.

모든 독자 여러분께, 앞으로 여러분의 삶 속에서 지속적으로 배우고 성장하며 서로의 짐을 나누는 동반자가 되어주시길 바랍니다. 여러분이 가정과 공동체 안에서 사랑과 이해로 가족을 돕고, 그 안에서 기쁨을 발견한다면, 그것이 바로 가장 아름다운 유산이 될 것입니다.

그리고 자녀들이 올바른 직업을 선택하고 자신의 미래를 설계할 수 있도록 돕는 것은 매우 중요합니다. 현대 사회에서 직업 선택은 단순히 생계를 유지하는 것 이상의 의미를 가지며, 미래의 행복과 안정성에 직결됩니다. 특히, 변화하는 세상에서 앞을 내다보고, 선진국에서 고수익을 얻을 수 있는 직업을 참고하는 것은 좋은 방향입니다. 하지만 중요한 것은 단순히 수익이 높은 직업을 선택하는 것이 아니라, 자신의 가치와 열정에 맞는 직업을 찾아가는 것입니다. 이런 직업이야말로 삶의 질을 높여주고, 자아 실현의 기회를 제공할 수 있습니다.

또한, 청소년들은 성장과 변화를 경험하며 다양한 감정과 도전을 마주하는 시기를 겪습니다. 이 시기의 청소년들에게는 부모의 지지와 이해가 큰 힘이 됩니다. 부모로서 자녀의 이야기를 들어주고, 열린 대화를 통해 그들이 스스로 생각하고 판단할 수 있는 힘을 길러주는 것이 필요합니다. 청소년들과의 소통에서는 그들의 관심사와 열정을 존중하며 그들과 함께 시간을 나누는 것이 중요합니다. 열린 질문과 좋은 사례를 제시함으로써 청소년들이 올바른 가치관을 형성할 수 있도록 도와주는 것이 좋습니다.

　노년의 행복을 기대하기 위해서는 젊을 때부터 덕을 쌓고, 누군가에게 친절을 베푸는 삶의 자세가 필요합니다. 또한, 젊은 세대가 결혼을 망설이지 않도록 격려하고, 미래에 대한 긍정적인 시각을 심어주는 것이 필요합니다. 경제적인 안정성만을 이유로 결혼을 멀리하는 것은 진정한 행복을 가져다주지 않습니다. 우리는 자녀들이 가정을 이루고 행복을 찾아가는 과정을 통해 더 큰 인생의 의미를 깨닫고, 궁극적으로 사회가 밝아질 수 있도록 이끌어야 합니다.

　자녀와 함께 하는 이 여정은 단순히 부모와 자녀 간의 관계를 넘어서, 세대와 세대가 서로를 이해하고 응원과 지지하는 사회적 변화를 만들어가는 과정입니다.

에필로그 : 성찰과 유산의 여정

33년 동안 안정적인 공직 생활에서 일한 후, 주저하지 않고 다시 일할 수 있었던 것은 저의 준비 덕분이라고 생각합니다. 언제나 배워야 한다는 생각을 가지고 있으며, 항상 아는 것이 아니기에 준비된 마음으로 살아가야 한다고 믿었기 때문입니다.

저는 지금 다른 이들에게 힘이 되고, 봉사하는 마음으로 살아야 한다는 마음으로 달려왔습니다. 서울미래지식평생교육원을 운영하며 미래 세대에게 도움을 주는 것을 목표로 하면서 작은 자부심을 느끼며 걸어오고 있습니다.

또한 저출산과 결혼을 피하는 젊은 세대와 청소년들에게 대화를 통해 모범이 되고 싶다는 간절한 마음을 가지고 살아가고 있습니다.

한순간에 벌었던 돈을 모두 잃었을 때도 무너지지 않은 이유는, 자신감을 잃지 않고, 그동안 이 여정을 준비해왔기 때문이라고 생각합니다. 만약 아무런 준비도 하지 않았더라면 지금쯤 어떻게 되었을지 상상해 봅니다. 여러분도 은퇴를 준비하면서 시간을 들여 무언가를 배워 보시기 바랍니다. 배움을 통해 어려운 시기를 극복할 수 있습니다.

지금까지 글을 쓰는 과정은 매우 힘들었습니다. 어떻게 글을 시작해야 할 지, 무엇을 이야기 해야 할지 막연했습니다.

그러나 어린 시절 어머니가 잠자리에서 자장가처럼 들려주셨던, **'가족은 늘 용서와 사랑, 공감과 존중, 응원과 지지를 해주어야 한다'** 는 말씀이 많은 도움이 되었습니다.

그리고 하나님에 대한 믿음이 부족한 것은 아닌가 생각하며 힘들 때마다 새벽 예배에서 지혜를 구현해 냈던 것도 큰 도움이 되었습니다. 또한 33년간의 공직생활에서 늘 은퇴 준비를 해 온 글에도 자신감을 얻게 되었습니다.

무엇보다도 다음 세대들을 위해 무언가를 전하고 싶은 열정만큼은 누구보다 강했습니다. 그 결과 지금까지 이야기한 가치와 경험들을 나눌 수 있게 되었습니다.

그 과정에서 배운 것들은 여전히 가장 큰 유산으로 남아 있습니다. 성찰의 과정은 단순한 회상이 아니라, 앞으로 나아가는 발판이 되었습니다. 과거의 경험을 통해 우리는 자신을 발견했고, 가족의 진정한 의미를 되새겼습니다.
우리가 함께한 순간들은 단순한 추억이 아닙니다. 그것들은 우리에게 값진 교훈과 유산을 남겼습니다. 사랑, 이해, 그리고 공감은 우리가 다음 세대에게 반드시 전해야 할 가장 중요한 가치입니다. 어려운 일이 당할 때는 저를 일으켜 보는 힘이 되어야 합니다. 그게 바로 새벽에 일어나 책을 보고 저를 위해 할 일 목록을 만들거나 나에 계획을 세워보면서 머리를 써 보세요.

이 과정에서 얻은 힘은 우리를 더욱 강하게 만들었고, 우리의 여정 내내 서로에게 힘이 되어 주었습니다. 앞으로도 이 유산을 지켜나가며 서로를 지원하고 이해하는 관계를 계속 이어나가길 바랍니다.

지금까지 이야기한 내용을 여러분 자신의 것으로 만들어 보시길 바랍니다. 무엇이 여러분에게 가장 중요한지, 그리고 그 가치를 매일의 삶 속에서 어떻게 실천할 수 있을지 생각해 보시기 바랍니다. 여러분이 가정과 사회에, 그리고 단순한 일상 속에서 어떻게 기여할 수 있을지를 고민하면 할수록 그 유산은 여러분이 떠난 뒤에도 오랫동안 남아 있을 것입니다.

우리 각자는 자신이 하는 일뿐만 아니라 자신이 누구인지를 통해 미래를 형성할 힘을 가지고 있습니다. 여러분이 인생의 여정을 계속할 때, 공감으로 이끌어 나갈 힘과 다음 세대를 양성할 지혜, 그리고 자신을 가장 잘 반영하는 유산을 창조할 용기를 찾으시기를 바랍니다.

 소풍 같은 삶을 함께하는 가족 경영의 여정에 동참해 주셔서 감사합니다. 여러분의 삶이 가장 깊은 가치와 일치하는 평화, 목적, 그리고 공감과 소통으로 행복이 가득 하시기를 기원합니다. 여러분의 유산이 여러분을 따르는 사람들에게 빛과 희망을 가져다주기를 바랍니다.

 인생이라는 긴 여정은 때때로 외롭고, 혼자 감당하기 어려운 순간도 있습니다. 여정이 더욱 어려워질수록 누군가와 함께 걷는 것은 단순한 동행 이상의 깊은 의미를 지닙니다. 3세대와 같은 길을 함께 걷는 동반자는 우리 삶에 깊은 의미를 주는 사람입니다. 그리고 3세대와 함께 있을 때 우리는 더 큰 힘과 용기를 얻게 됩니다.

 소풍같은 인생 함께 걷는 동안 나누는 대화, 공유하는 시간, 서로에게 주는 작은 배려와 지원은 때때로 우리를 더 성숙하게 하고 우리의 삶을 더욱 풍요롭게 만듭니다. 동반자 관계는 단순히 같은 길을 걷는 것이 아니라 서로 존중하고, 서로에게 깊은 의미를 부여하는 과정입니다. 누군가와 함께 인생의 여정을 걷는 것은 큰 축복이며, 그것은 단순히 물리적으로 함께하는 것을 넘어서는 것입니다. 이것이야 말로 소풍같은 인생 3세대와 함께 걷는 길이라고 생각합니다.

그러나 진정한 동반자는 단순히 같은 길을 걷는 것 이상의 의미를 가집니다. 그것은 서로에게 의미 있는 존재가 되는 깊은 관계를 뜻합니다. 동반자 관계는 그저 같은 길을 걷는 것이 아니라 서로의 존재를 인정하고, 그 과정에서 깊은 의미를 주고받는 관계입니다. 소풍같은 인생은 함께 걷는 동반자가 우리의 삶에 깊은 행복을 가져올 때 우리는 더 큰 힘과 용기를 얻습니다.

〈철학자 마르틴 부버〉

철학자 **마르틴 부버**는 진정한 인간적 만남이 관계를 통해 이루어진다고 주장했습니다. 이 관계에서 중요한 것은 상대방을 단순한 객체로 보지 않고, 그 존재 자체를 온전히 받아들이는 것입니다.

동반자 관계에서의 인내란 상대방의 속도와 상황을 이해하고, 그들이 함께 걷는 여정에서의 존재를 존중하는 과정입니다. 예를 들어, 친구와 함께 긴 산책을 할 때, 그 친구가 지쳐서 천천히 걸을 때 기다려주는 인내는 부버의 '나와 너' 관계를 실천하는 것이라고 할 수 있습니다. 이 과정에서 우리는 서로를 단순한 파트너로서가 아니라 그 자체로 존재하는 존재로 받아들일 때 행복을 누릴 수 있습니다.

소풍같은 인생을 동반자와 함께 한다면 우리의 삶에 깊은 행복을 가져오고, 함께 걷는 여정으로 힘과 용기를 더해줄 때 우리는 더욱 성장하게 됩니다. 만약 우리가 서로 협력하고, 공존하며, 서로를 인정하고, 공감하고 소통하며, 국가를 위한 애국심을 발휘하여 젊은 남녀가 결혼하도록 도울 수 있다면, 그로 인해 국가도 힘을 얻게 될 것입니다.

앞으로 3~4년 내로 우리나라는 고령화 사회를 넘어 초고령 사회로 진입하게 될 것입니다. 젊은 사람들이 결혼 전에 결혼 자격증 취득만으로 대기업 취업이나 예식장 예약 같은 모든 사회 전반에 가산점을 준다면 결혼에 관심이 없던 사람들도 결혼에 대해 다시 고민해 보지 않을까 생각합니다. 정부 정책에서 결혼 자격증에 대한 추가 점수를 부여하는 방안을 고려한다면, 저출산 문제와 결혼에 대한 인식이 보다 긍정적으로 변화할 것이라고 생각합니다.

소풍같은 인생
3세대 가족 경영으로 함께 걷는 길

발 행 2024년 12월 11일
저 자 이계순
디자인 최지현
펴낸곳 이새의나무
주 소 고양시 덕양구 삼막3길 5, 고양삼송 한강듀클래스
         (오금동) 8층 823호
값 18,000원

ⓒ 이계순 2024
*본 책은 저작자의 지적 재산으로서 무단 전재와 복제를
금합니다